Barbara Linnenbrügger (Hg.in)

Wo wilde Weiber wohnen

Geschichten
von und über Frauen
rund um den Odenwald

aus der
Frauengeschichtswerkstatt Odenwald

Christel Göttert Verlag

Dank geht an die Gerda-Weiler-Stiftung für feministische Frauenforschung, D-53894 Mechernich (www.gerda-weiler-stiftung.de) und die Odenwälder Erzähl- und Spielgemeinschaft Hollerbusch e.V. sowie an die AOF – Arbeitsgemeinschaft Odenwälder Frauen für die Druckkostenzuschüsse und auch an die vielen OdenwälderInnen, die für die Drucklegung gespendet haben.

Anerkennung und Dank möchte ich den Frauen aussprechen, die in anderen Regionen und Städten auf den Spuren der Frauengeschichte sind. Es gibt viele, die sehr beeindruckende Arbeit machen.
Für uns hier im Odenwald ist es eine besondere Auszeichnung, dass wir dieses Buch veröffentlichen können.

1. Auflage 2010
Lektorat: Bettina Bremer, Rüsselsheim
Titelgestaltung: Christine Traiser, Darmstadt (unter Verwendung des Gemäldes »Frauenleben«, 2005, von Manuela Meyer-Schwenk, Ober-Ramstadt)
Satz: Kerstin Weber, Nauheim

www.christel-goettert-verlag.de

ISBN 978-3-939623-26-7

»Den Frauen in der Geschichte derart ihre Geschichte zurückzugeben bedeutet zugleich, Frauen Gegenwart und Hoffnung auf Veränderung zu geben.
Den Frauen Geschichte zu geben, ist eine symbolische und gleichzeitig eine politische Handlung, die es erlaubt, den historischen Frauen und uns Frauen heute Würde, Selbstachtung sowie die historische Realität unseres Tuns, unseres Handelns und unserer Kämpfe zuzusprechen.«

(Andrea Günter: Literatur, Kultur und Geschlechterpolitik)

Inhaltsverzeichnis

Grußwort (von der Odenwälder Kreisfrauenbeauftragten Amarelle Opel und der Leiterin des Kreisarchivs des Odenwaldkreises Anja Hering) 11

Vorwort 13

Wo wilde Weiber wohnen – Frauengeschichten aus dem Odenwald 17

Einleitung 17

Iganes Tod 21

Das traurige Schicksal der »weißen Frau von Böllstein« 26

Maria Theresia Kredell – Die erste weibliche Posthalterin 33

Auf den Spuren meiner Großmutter – Die Aus- und Rückwanderung von Elisabeth Arras 36

Die Lebkuchenbäckerinnen von Beerfurth 45

Die Zigarrendreherinnen von Fränkisch-Crumbach 50

Ingeborg Seitz 52

20 Jahre Arbeitsgemeinschaft Odenwälder Frauen (AOF) 57

Im Zug der Zeit – Odenwälderinnen in Bewegung 63

Einleitung 63

Unterwegs mit der Butter-Christine aus Hammelbach 70

Käte Paulus und die Freiheit über den Wolken 72

Anna Pfaffs Hebammengeschichten 76

Mit dem Spazierwagen auf Verwandtenbesuch 83

Böllsteiner »Bewegungsgeschichten« 86

Fahrradfahrerinnen 89

»Ich bin ja mit dem Lieschen aufgewachsen« 93

»Lieschen« – Erinnerungen in neun Episoden 98

Ella, die Putzfrau im »Lieschen« 104

Die Frauschaft der Herrschaft – Adlige Odenwälderinnen und die Frauen, die ihnen dienten 107

Einleitung 107

Imma – Eine der ersten adligen Frauen im Odenwald 111

Die Schenkin von Erbach 113

Die adligen Frauen der Rodensteiner 118

Marie Fürstin zu Erbach-Schönberg 121

»Prinzessinnen« 124

Dr. Monika Prinzessin zu Erbach-Schönberg 125

Sophie Christine Charlotte Friederike Erdmuthe zu Erbach-Erbach 128

Marianne Kraus – Malerin und Hofdame im Hause Erbach-Erbach 129

Louise Gräfin zu Erbach-Erbach 134

Margarethe Gräfin zu Erbach-Erbach 138

»Beschließerin« und Hausmeisterin – Anfang des 19. Jahrhunderts im Schloss Erbach-Fürstenau 140

Adelheid Prinzessin zu Hohenlohe-Ingelfingen 143

Die Dichterin und Autorin Helmina von Chézy – Gast in den Häusern Erbach-Fürstenau und Erbach-Erbach 147

Emilie Luise Sophie Gräfin zu Erbach-Fürstenau 151

Elisabeth Gräfin zu Erbach-Fürstenau 154

Frauengeschichten aus dem Soloprogramm
»Wo wilde Weiber wohnen« 157

Einleitung 157

Die Neesin aus Bromisch 159

Beginen im Odenwald 160

Die Englertin aus Vielbrunn – Hexenverfolgung im Odenwald 164

Erinnerungen an unsere Großmutter Eva Hotz
aus Fränkisch-Crumbach 167

Helene Göttmann – Eine tatkräftige Reichelsheimerin 176

Katharina Roth 183

Abschluss und Ausblick 187

Zum Konzept der Frauengeschichtswerkstatt Odenwald 191

Zum Ablauf der Frauengeschichtswerkstätten 200

Zur Herausgeberin 207

Bildnachweis 209

Grußwort

Liebe Leserin,
lieber Leser,

wir freuen uns, dass die Ergebnisse der Odenwälder Frauengeschichtswerkstatt nun erstmals in einem Sammelband zusammengefasst wurden und so auch zukünftig verfügbar sind – damit die Erkenntnisse über das Wirken historischer Frauen für die Gestaltung unserer heutigen Gesellschaft verwendet werden können.

Sie alle wissen, dass das Leben und Wirken von Frauen noch vor einem halben Jahrhundert kaum beachtet und dokumentiert wurde. In unserer Zeit hat sich dieses Bild verändert. Mit dem erwachten Interesse der Geschichtsforschung am Alltag der »kleinen Leute« findet auch das Leben der Frauen in der offiziellen Geschichtsschreibung mehr Bedeutung. Frauen gestalten unser Leben und so die Geschichte unseres Zeitalters aktiv mit.

Anja Hering (l.) und Amarelle Opel

Um dieses Wirken zu dokumentieren, gründete Barbara Linnenbrügger vor einigen Jahren die »Odenwälder Frauengeschichtswerkstatt« mit dem Anliegen der Erforschung der Geschichte von Frauen durch Frauen. Aus diesem Blickwinkel schildern die verschiedenen Beiträge anschaulich den Alltag und die Lebensbedingungen von Frauen im Odenwald, verdeutlichen Gemeinsamkeiten und Unterschiede im Leben von Frauen – gestern und heute. Es werden u. a. die Lebkuchenbäckerinnen von Beerfurth, die Zigarrendreherin von Fränkisch-Crumbach, Anna Pfaffs Hebammengeschichten aus dem Odenwald oder Frauen-Fahrradgeschichten aus den Anfängen der Zweiräder vorgestellt. Die Erzählungen über die »Neesin aus Bromisch«, Helene Göttmannn aus Reichelsheim, Maria Theresia Kredell, Posthalterin in Erbach, um nur einige zu nennen, zeigen Beispiele mutiger und selbstbewusster Frauen.

Die Frauengeschichtswerkstatt lässt die Spurensuche nach dem Leben und Wirken von Frauen vergangener Zeiten mit den Mitteln des Theaters lebendig werden. Sie gibt Frauen Gelegenheit, sich aktiv anhand aktueller Themen und eigener Fragestellungen mit der historischen Erforschung von Frauenschicksalen auseinanderzusetzen, Bezüge zur Gegenwart herzustellen und nach ihrer Bedeutung für das eigene Leben zu fragen. Zudem bereichert und verändert sie so die regionale Geschichtsschreibung.

Wir danken Barbara Linnenbrügger und allen Akteurinnen der Frauengeschichtswerkstatt für ihr Engagement, das nicht nur für die Frauen unserer Region wichtig ist, wünschen ihnen weiterhin viel Erfolg und freuen uns auf die nächsten spannenden Blicke in die Geschichte.

A. Opel

Amarelle Opel

Frauenbeauftragte
des Odenwaldkreises

A. Hering

Anja Hering

Leiterin des
Kreisarchives Odenwaldkreis

Vorwort

Wilde Weiber im Odenwald, ist das nicht wunderbar? Aber ... hätten Sie das vermutet? Wildweibchensteine, Wildfrauenstein – ja, das sind Begriffe, die viele, auch über den Odenwald hinaus, kennen. Aber sonst hat der Odenwald doch sicherlich historisch für uns Frauen nicht viel zu bieten! Oder doch?

Mitte der 1990er-Jahre aus dem Ruhrgebiet in den Odenwald gezogen, habe ich mich gleich auf die Spurensuche nach den Frauen im und um den Odenwald gemacht. Denn für mich gehört es dazu: Wenn ich mich zu Hause fühlen will, muss ich wissen, was dort mit den Frauen war und ist. Und siehe da, meine Suche war erfolgreich. Erste systematische Spurenfinderinnen waren wohl die »Hollerbusch-Frauen« von der Odenwälder Erzähl- und Spielgemeinschaft, bei der ich seit einiger Zeit auch selbst mitmache. Die »Hollerbusch-Frauen« haben es sich zur Aufgabe gemacht, in ihren literarischen Programmen auch die Frauen aus dem Odenwald zu Wort kommen zu lassen. Weitere Hinweise fand ich, zwar unsystematisch und oft nicht mit dem Blick von Frauen interpretiert und dokumentiert, in der Heimatliteratur.

Die Idee der Frauengeschichtswerkstätten brachte ich aus meiner vorherigen Frauengeschichtsarbeit mit. Nachdem ich 1976 im Rahmen der autonomen Frauenbewegung die grandiose Entdeckung gemacht hatte, dass wir Frauen auch »eine Geschichte« haben, die uns stärken und uns Mut machen kann, bin ich seit dieser Zeit aktiv an dem immerwährenden Prozess der feministischen Geschichtsschreibung beteiligt.

Wir wollen Geschichte machen, sie schreiben,
aus ihr lernen, sie umsetzen und weitertragen.

Dies war das Motto der 1984 von mir mitgegründeten Dortmunder Frauengeschichtsgruppe SPINNENNETZ. Die Idee der historischen Stadterkundungen brachte ich 1983 von der »Berliner Sommeruniversität für Frauen« mit. Wir arbeiteten vor allem zur mittelalterlichen Frauengeschichte der Stadt Dortmund und der autonomen Frauenbewegung. Die Motivation der Gruppenmitglieder war vorrangig davon geprägt, die eigenen, persönlichen Lebensbezüge in Relation zu der von Männern geprägten Geschichte zu sehen. Erst in zweiter Linie war an eine Weitergabe und Vermittlung an andere Frauen gedacht. Wir wollten schauen, inwieweit uns Antworten auf unsere Fragen an die Geschichte Hilfestellung bei der Bewältigung unseres eigenen Alltags geben können.

In den Odenwald gezogen, trat ich 1998 erstmalig sehr erfolgreich mit einem Soloprogramm zur Odenwälder Frauengeschichte auf. Das Werkstatt-Konzept entwickelte ich 2004, da es mir sehr am Herzen lag und liegt, andere Frauen zu motivieren, für sich die stärkende Quelle der Geschichte zu erschließen.

Frauen haben Spuren hinterlassen im sozialen, kulturellen, politischen und alltäglichen Leben – nur wurde das selten dokumentiert. Dies hat die Frauen, die an den einzelnen Projekten der Frauengeschichtswerkstatt über die Jahre teilgenommen haben, veranlasst, das Wirken von Frauen dem Vergessen zu entreißen, ihre Geschichte lebendig werden zu lassen und das Wissen darüber weiterzugeben. Dafür recherchierten und präsentierten die Teilnehmerinnen unter fachlicher Anleitung – hier ist besonders die Zusammenarbeit mit Anja Hering, Leiterin des Odenwälder Kreisarchives in Erbach, zu nennen – eine selbstgewählte Frau aus der Odenwälder Geschichte. Das konnte das interessante Leben der eigenen Großmutter oder eine Frau aus dem öffentlichen Leben sein oder ein Themenzusammenhang, der bisher in der Odenwälder Frauengeschichte noch nicht ausreichend präsent ist.

Die bisher durchgeführten Werkstätten hatten die Themen: »Wo wilde Weiber wohnen – Frauengeschichten aus dem Odenwald« (2005), »Im Zug der Zeit – Odenwälderinnen in Bewegung« (2006), »Die Frauschaft der Herrschaft – Adlige Odenwälderinnen und die Frauen, die ihnen dienten« (2007).

Ergebnis der Werkstatt-Projekte waren ganz unterschiedliche Textsorten: Gedichte, szenische Dialoge, Befragungen von Zeitzeuginnen, fiktionale Gestaltungen, historisch Dokumentiertes oder Erinnerungsepisoden, die in unterschiedlichen Orten im Odenwald aufgeführt oder vorgetragen wurden. Es fanden zum Abschluss eines Werkstattprojektes immer zwei Veranstaltungen statt: einmal im Gersprenztal in der Ev. Kirchengemeinde Fränkisch-Crumbach und im Mümlingtal. Hier in Michelstadt im Odenwaldmuseum, in der Gaststätte Michelstädter Hof oder in Erbach im Rittersaal des Erbacher Schlosses. So ist es nicht mehr möglich, die Geschichte von Frauen im Odenwald zu ignorieren.

An dieser Stelle möchte ich allen, die diese Arbeit möglich gemacht haben, meinen Dank aussprechen. Besonders seien hier der Kreisfrauenbeauftragten Amarelle Opel und der Leiterin des Kreisarchives Anja Hering sowie Anni Resch, der Frauenbeauftragten der Stadt Michelstadt, gedankt, aber auch dem KUSS (Südhessischer Kultursommer) für die finanzielle Unterstützung. Weitere Unterstützung fanden die Werkstattprojekte durch die Mary Anne Kübel Stiftung in Reichelsheim, die Ev. Kirchengemeinde Fränkisch-Crumbach und das Odenwaldmuseum Michelstadt.

Aber allen voran geht mein Dank an die wunderbaren *wilden* Odenwälderinnen, die durch ihre begeisterte Mitarbeit die Odenwälder Frauengeschichtswerkstätten erst mit Leben gefüllt haben. Ich konnte ja *nur* den Rahmen, die Möglichkeiten schaffen.

Aus all dem ist das vorliegende Buch entstanden. Es ist nach wie vor eine erste Bestandsaufnahme, ein erstes Streiflicht. Auch für die Publikation habe ich bewusst auf eine wissenschaftliche Schreibweise verzichtet, um den Charakter der Werkstattarbeit gerade auch im Hinblick auf die szenische Präsentationsart beizubehalten und die Lesbarkeit zu erleichtern. Die Quellen und Literaturgrundlagen sind jeweils am Ende einer Geschichte nachvollziehbar. Die Fotos zeigen nicht nur die historischen Frauen, sondern auch die Teilnehmerinnen der Frauengeschichtswerkstätten bei ihren Proben und Aufführungen.

Diese Dokumentation macht die Inhalte der Frauengeschichtswerkstatt einer breiteren Öffentlichkeit über den Odenwald hinaus zugänglich. Exemplarisch möchte sie zeigen, wie Frauen sich ihre Geschichte aneignen können. Schön wäre es, wenn sie überall Frauen inspirieren würde, sich selbst auf die Spurensuche nach der verborgenen Frauengeschichte zu machen.

Nun wünsche ich allen Leserinnen und Lesern Neugierde beim Lesen und Mut zur eigenen Geschichte.

Barbara Linnenbrügger im Juni 2010

Wo wilde Weiber wohnen – Frauengeschichten aus dem Odenwald

Einleitung

Was liegt näher, wenn wir von wilden Frauen aus dem Odenwald hören wollen, als mit den Wildweibchensteinen zu beginnen? Wir brauchen nur ins Rodensteiner Land im Gersprenztal zu wandern. Es liegt zwischen Fränkisch-Crumbach und Reichelsheim, der Gegend zwischen der Burg Rodenstein und der »Freiheit«, einem ehemaligen freien Reichshaus, heute ein Gasthaus mit gleichem Namen, in Laudenau. Diesem Ort wird nachgesagt, dass dort in früherer Zeit Wilde Weiber wohnten. Solche Orte gibt es viele im Odenwald, z. B. in Groß-Bieberau, Lützelbach, auf der Tromm, in Untersensbach und in Hebstahl sollen Wilde Leute in Felsgruppen gehaust haben. Diejenigen, die die Wildweibchensteine im Rodensteiner Land kennen, erinnern sich sicher an den gewaltigen Granitfelsen mitten im Wald, der tiefe Risse und Spalten zeigt. In der Mitte geht ein Spalt hinab, der den Eingang zu einer Höhle bildete. In seinem Inneren sollen einst zwei Wilde Frauen gehaust haben. Nach diesen Frauen erhielt die Felsgruppe ihren Namen. Viele Geschichten, Mythen und Legenden ranken sich um die Wilden Weiber. In den Erzählungen von Erika Pöschl, einer weit über den Odenwald hinaus bekannten Heimatforscherin und Erzählerin, wird davon berichtet.

Es hat in vorindustriellen Zeiten immer Menschen gegeben, die im Wald, in der Wildnis lebten, abseits der Orte, an denen Menschen in Gemeinschaften ihre Heimstätten fanden. Erklärungen für die Geschichten und Erzählungen um die Wilden Weiber, die Wilden Leute lassen sich vielfältig herleiten, z. B. daher, dass die Menschen ausgestoßen wurden oder die Armut sie in die Wälder trieb. Dort fanden sie Unterschlupf und Nahrung. Es gab aber auch Menschen, die in die Wälder zogen, um sich von anderen abzusondern. Frauen flohen z. B., weil sie das für sie vorgesehene Leben in Ehe oder Kloster nicht wollten. Auch heilkundige, weise Frauen lebten und wirkten oft abseits der dörflichen Gemeinschaft. Auf der anderen Seite entstanden aus einem Weltbild, das davon ausgeht, dass alles beseelt ist, Mythen, Märchen und Geschichten, die von Völkern und Wesen in anderen Welten, in Anderswelten erzählen. Hier begegnen uns Wichte, Gnome und Engel, Riesen und Feen und eben auch Wilde Leute – und damit auch die Wilden Weiber.

Das regionaltypische Vorkommen der Wilden Weiber und nicht zuletzt die Art und Weise, wie ich Geschichte verstehe, erkunde und präsentiere, gab der ersten Odenwälder Frauengeschichtswerkstatt, die ich anbot, ihren Namen: »Wo wilde Weiber wohnen«. Die Teilnehmerinnen suchten sich ohne weitere thematische Eingrenzung »ihre« Frau aus, die sie selbst am meisten interessierte, über die sie forschen und berichten wollten.

Beim Auftritt in Michelstadt, v. l.: Anneliese Guttzeit-Gläser, Martina Schmitt, Ima Krüger, Lina Keil, Barbara Linnenbrügger, Heidelore Andres, Ursula Reuter

Teilnehmerinnen der ersten Odenwälder Frauengeschichtswerkstatt waren:

Heidelore Andres, Hildegard Bassler, Anneliese Guttzeit-Gläser, Lina Keil, Ima Krüger, Ursula Reuter, Martina Schmitt und Amarelle Opel, die Odenwälder Kreisfrauenbeauftragte.

Der Odenwälder FrauenGeschichtsBaum

Wenn wir uns auf die Spuren der Geschichte von Frauen begeben, so ist das für uns die Suche nach unseren Wurzeln, nach unseren Ursprüngen, nach unserem Woher, nach unseren Ahninnen. Während der ersten Frauengeschichtswerkstatt, in der wir uns mit unserer persönlichen Einstellung zur Geschichte von und über Frauen beschäftigt haben, ist der Odenwälder FrauenGeschichtsBaum entstanden.

Zum ersten Werkstatt-Tag brachte ich für jede Teilnehmerin eine Baumwurzel mit. Die Wurzel steht als Symbol für die Suche nach den Ursprüngen und Hintergründen der persönlichen Geschichtsauffassung. Im Betrachten der Wurzel spürte jede Frau in einer meditativen Besinnung in ihrer Erinnerung dem nach, was ihr bisher auf ihrem Lebensweg dazu begegnet ist, sei es in der eigenen Familie, in der Schule, der Literatur oder auch in frauenbewegten Zeiten. Aus einem großen Fundus von Alltagsgegenständen, Figuren, Per-

Detailansichten des Odenwälder FrauenGeschichtsBaums

len, Wolle, Federn etc. konnte jede Frau sich weitere Dinge aussuchen, die als Symbole für ihre persönliche Auseinandersetzung mit der Geschichte stehen. Damit wurden die Wurzeln gestaltet. Abschließend tauschten wir uns über unsere Erkenntnisse, Meinungen und unser Wissen aus.

Am zweiten Werkstatt-Tag wandten wir uns dem Symbol des Stammbaumes zu. In der Erinnerungsarbeit und im Gespräch thematisierten wir unsere eigene Familiengeschichte und hier vor allem die weibliche Genealogie. Zum Abschluss haben wir unsere Wurzeln an einem Baumstammbrett mit Rinde und Ästen im Wurzelbereich drapiert. An diesem Tag entstand der Name der Skulptur.

Für den dritten Werkstatt-Tag hatten alle die Aufgabe, ein Symbol für ihre jeweilige historische Frau mitzubringen. Jede Teilnehmerin stellte *ihre* Frau mit diesem Symbol vor. Aus dem Fundus konnte das Symbol noch ergänzt und umgestaltet werden. Diese kleinen Skulpturen stellten die Früchte unserer Arbeit dar, die wir zum Abschluss in den Ästen platzierten. So bekam der Baum seine Früchte, die wir im Laufe des Projektes hatten reifen lassen.

Während der Präsentationen und mit der Buchveröffentlichung ernten wir diese Früchte und nähren uns durch sie. Wichtig ist aber darüber hinaus, dass wir sie in die Welt bringen, damit sie *Samen* entwickeln und *keimen* kön-

Bühnenbild bei der Aufführung in Fränkisch-Crumbach

nen, um den Kreislauf des Lebens immer wieder aufs Neue zu aktivieren und die Geschichte von Frauen wach und lebendig zu halten, damit auch andere Frauen sich daran nähren können.

Heute hängt der Odenwälder FrauenGeschichtsBaum im Kreisarchiv des Landratsamtes in Erbach.

Literaturhinweise

Hess. Vereinigung für Tanz und Trachtenpflege Reichelsheim: Was uns der Odenwald erzählt, Bd. 2, Reichelsheim 1996 (Reprintausg.)

Pöschl, Erika: Odenwälder Sagenschatz, Ober-Ramstadt 1992 (3. Aufl.)

Iganes Tod

von Heidelore Andres

Die weise Priesterin Igane war tot. Voller Schrecken erkannte Rhian die große Aufgabe, die nun vor ihr lag. Igane hatte Rhian zu ihrer Nachfolgerin bestimmt, denn sie war seit längerer Zeit Iganes Schülerin gewesen. Vor einem Jahr, als beide zu Beginn der dunklen Zeit über den kleinen Fluss zum Hügel mit dem Quellheiligtum der Sirona gegangen waren, war mit ihnen ein Rabe geflogen. Da hatte Igane gewusst, dass sie bald in die andere Welt hinübergehen würde, und ihre Angelegenheiten in dieser Welt geordnet.

Rhian musste zuerst für eine angemessene Grablegung sorgen. Dazu schickte sie nach dem Druiden, der in der nördlich gelegenen Ansiedlung lebte. Zusammen mit Rigid, ihrer jüngsten Tochter, wusch sie Igane, kleidete sie in ihre besten Gewänder und schmückte sie mit allen Hals- und Armreifen, die sie hatte. Die Gewänder schlossen sie mit den kostbarsten Fibeln. Zum Schluss

hoben sie die Tote auf einen Wagen, legten Trinkgefäße und kleine Kessel dazu. Nun konnte Igane in der anderen Welt weiter ihrer Arbeit nachgehen.

Ayla, Rhians älteste Tochter, kam und sagte: »Mutter, wenn ihr beide mit eurer Aufgabe fertig seid, dann brauche ich eure Hilfe. Die Jäger sind von der Wildschweinjagd zurück und ein Eber hat einen am Bein verletzt. Die Wunde muss gereinigt und versorgt werden. Und dann haben bei der Nachbarin die Wehen eingesetzt.«

»Rigid, du reinigst die Wunde, legst einen Kräuterbrei auf und wickelst ein sauberes Leinentuch darum. Dann folgst du mir zur Nachbarin und lernst, was man bei der Geburt eines Kindes alles beachten muss«, sagte Rhian.

Heidelore Andres – Probe in Fränkisch-Crumbach

Beruhigt ging Ayla ihren Pflichten auf dem Hof nach. Zuerst sah sie nach den beiden kleinen Pferden. Epona sei Dank! Sie waren gesund und munter. Wenn die richtige Zeit gekommen war, würden sie die Last mit der toten Igane den Berg hinaufziehen zum Gräberfeld, ein Stück des Weges oberhalb des Dorfes. Dann ging sie zu den drei gut genährten und gekleideten Unfreien, die ihr Vater von seinem letzten erfolgreichen Beutezug mitgebracht hatte. Der Mann reinigte und reparierte den Pflug und die Werkzeuge, die im Sommer benutzt worden waren. Er war darin sehr geschickt, denn er stammte von einem Hof gleich dem ihren. Anschließend setzte Ayla sich zu den beiden Frauen und half beim Bohnenkernen.

»Später am Abend müssen wir alle Wolle zupfen und spinnen. Ich brauche noch viel Garn zum Weben. Mein Webstuhl hat gerade eine neue Kette auf die Gewichtsteine bekommen. Wir brauchen neue warme Kleidung für den Winter, und die alten Decken sind fadenscheinig geworden. Also haltet euch an die Arbeit. Ihr wollt doch nicht frieren!«

Am nächsten Tag gegen Mittag kam eine Gruppe Menschen von Norden her durch das Flusstal gezogen. Es waren Salzhändler, Kupferschmiede, ein Wagner, der Druide und, zur großen Freude Rhians, ihre mittlere Tochter Dica. Dica hatte bei der Stammesfehde gegen einen östlichen Nachbarstamm gekämpft. Sie traf sehr gut mit der Steinschleuder, ihr Pfeil verfehlte selten sein Ziel, und das Kurzschwert war immer an ihrer Seite. Dicas kostbarster Besitz war ein Kettenhemd aus Bronze und ein Langschild. Sie war nach dem Vater geraten, genauso groß und drahtig wie er und ebenso tollkühn im Kampf. Die Skelette der Schädel seiner Feinde hatte er in der Hofmauer eingepasst. Aber dann war er von einem Beutezug nicht zurückgekommen.

Der Druide bestimmte nach den Sternen den Tag nach der dritten Nacht als günstig für die Grablegung. Einige Männer gingen den Berg hinauf und gruben ein Loch in der richtigen Größe in den Boden, genau an der Stelle, die der Druide zuvor bestimmt hatte. Die Frauen zerlegten für die Totenfeier das frisch erlegte Wildschwein und kochten es. Dann füllten sie Met in die Tonkrüge. Am Tag der Grablegung spannte Ayla zusammen mit dem Jäger, der ihr Lebenspartner werden sollte, die Pferde vor den Wagen mit der Toten. Hinter dem Wagen gingen zuerst der Druide, heute in seinem weißen Gewand, dann Rhian, die neue Priesterin, und Rigid. Dann kamen nacheinander alle Stammesmitglieder und zum Schluss die drei Unfreien, die in Kiepen das gekochte Fleisch, den Met und Brotfladen trugen. Auf dem Berg angekommen, legten Männer den Leichnam in die Grube und stellten die Gefäße dazu. Dann lagerten alle um das Grab herum. Der Druide nahm vom Essen, ging dreimal murmelnd um die Grabstätte herum und legte es in die Kessel im Grab. Das gleiche tat er mit den Tonkrügen voll

Met. Jetzt war Igane gerüstet für ihre Fahrt. Und dann begannen alle zu essen und zu trinken. Sie veranstalteten Wettkämpfe im Laufen, Bogenschießen und Steinschleudern. Fast immer gewann Dica. Am Ende des Festes legten Männer Baumstämme, dann kleine Steine in die Grube und füllten sie vollends mit Erde, bis ein Hügel entstanden war.

»Igane wäre mit mir zufrieden«, dachte Rhian, »genau wie ich es bin.« Sie sah ihre Tochter Rigid an. »Die wird meine Nachfolgerin werden.« Dann schaute sie zu Ayla. »Sie wird die Anführerin des Stammes sein und für Nachkommen sorgen, und Dica wird mit den Männern für unseren Schutz verantwortlich sein. Alles ist gut so.«

Nachwort

Schon in der Schule wurden Griechen und Römer als Ursprung unserer Kultur bezeichnet. Alles Frühere ist »vorgeschichtlich«! Aber hatten die Menschen, die früher lebten, denn keine Kultur? Oder haben die Römer bei ihren Eroberungen alles zerstört? Im Odenwald sind die Spuren der Römer stets auf großes Interesse gestoßen. Da sind z. B. der Limes, das Römerbad, die Haselburg.

Aber wie steht es mit der keltischen Bevölkerung? Von den Griechen wissen wir, dass in Mitteleuropa die Keltoi, die Kelten, gelebt haben, die von den Römern Gallier genannt wurden. Da die Kelten und Keltinnen selbst keine schriftlichen Zeugnisse hinterlassen haben, müssen wir uns auf die archäologischen Funde und auf die Schriften der Römer und Griechen stützen. In der Broschüre über die Villa Rustica »Haselburg« bei Hummetroth findet sich unter einem Foto folgender Text: »Die Römer waren nicht die ersten, die hier auf der Hochfläche siedelten. Grabfunde aus vorgeschichtlichen Zeiten belegen, dass das Mittelgebirge zumindest in seinen Randzonen schon früh erschlossen wurde. Bei der Grabung 1985 fanden sich u. a. Gräber aus frühkeltischer Zeit etwa 4. bis 3. Jahrhundert v. Chr. mit Gefäßbeigaben und Trachtbestandteilen aus

Eisen und Bronze, dabei ein prächtiger Scheibenhalsring mit Koralleneinlagen.«

Da war das Grab einer Keltin gefunden worden. Wie gerne wüssten wir mehr über ihr Leben! Doch immer wieder nur Römer, Römer, Römer, über die wir doch schon so vieles wissen!

Kette, Armreif und Gefäß – die Grabbeigaben der Keltin

Zum Glück gibt es an anderen Stellen Deutschlands Keltenmuseen, und nördlich des Mains die Keltenstraße mit zahlreichen Ausgrabungsstellen voll gut erhaltener Exponate, wie z. B. am Glauberg im Wetteraukreis. Hier wird derzeit das neue Museum für den sogenannten »Keltenfürsten« gebaut, einer Statue aus rotem Sandstein, 186 cm hoch und 230 kg schwer. Vielleicht erwacht auch im Odenwald darüber das Interesse an den Kelten.

Geweckt wurde es bei mir durch die Grabfunde bei der Haselburg. Die »älteste« Odenwälderin besaß also prächtigen Schmuck. Und müsste in der Nähe gelebt haben. Warum nicht in Mümling Grumbach? Die keltischen Frauen und Männer verehrten ihre Götter an Quellen und in Hainen. Bei der Bergkirche in Mümling Grumbach könnte ein solcher Ort gewesen sein. Dort befindet sich der Fundort des Matronensteins aus keltisch-römischer Zeit. Christliche Kirchen wurden oft auf alten Kultplätzen gebaut. Deshalb liegt »unser« Keltendorf bei Mümling Grumbach. Der Begräbnisplatz der Kelten lag außerhalb des Wohnortes, vielleicht also bei der späteren Haselburg.

Literaturhinweise

Dammers, Barbara/Haffner, Alfred/Rieckhoff, Sabine/Teegen, Wolf R. (Hg.Innen): Beiträge zur Religion der Kelten. Ein Kolloquium an der Uni Leipzig anlässlich der Ausstellung »fromm fremd barbarisch – Die Religion der Kelten«, Mainz 2002

Haywood, John: Die Zeit der Kelten – ein Atlas, Frankfurt am Main 2002

Hessische Kultur GmbH Wiesbaden (Hg.): Keltenstraße: Ausflüge in eine verlorene Zeit – Zeugnisse keltischer Kultur in Hessen, Wiesbaden 2001

Hessisches Landesmuseum Darmstadt/Landesamt für Denkmalpflege Hessen Archäologie und Paläontologie (Hg.): Der Glauberg in keltischer Zeit. Symposium Darmstadt 14.-16. September 2006. Fundber. Hessen, Beih. 6, Wiesbaden 2008

Herrmann, F.-R.: »Die Villa Rustika Haselburg bei Höchst-Hummetroth«, in: Archäologische Denkmäler in Hessen 55, hg. vom Hessischen Landesamt für Denkmalpflege, Odenwaldkreis 1986

Müller, Felix: Götter Gaben Rituale. Religion in der Frühgeschichte Europas, Mainz 2002

Das traurige Schicksal der »weißen Frau von Böllstein«

von Ima Krüger

Nicht immer ist bei einer Heirat Liebe im Spiel. Aber bei uns und im 21. Jahrhundert sind die jungen Frauen selbstbewusst genug, um sich nicht von ihren Eltern an einen ungeliebten Mann verheiraten zu lassen. In früheren Zeiten war das jedoch durchaus üblich und manchmal hatte so eine erzwungene Ehe traurige Folgen.

In meinem Heimatort Böllstein erhängte sich am 11. März 1540 eine junge Frau am Dachbalken ihres Hauses. Ich habe von ihr erfahren durch ein paar trockene Akten aus dem Wertheimer Staatsarchiv, die der Heimatforscher Hans-Ulrich Colmar entdeckte und im Schnellertsbericht von 1984 veröffentlichte. Erhalten geblieben ist der Briefwechsel zwischen der Wertheimer Herrschaft und dem Amtmann Fritz von Ratzenburg, weil es um die Habseligkeiten der jungen Frau ging, die nach deren Tod der Herrschaft zufielen.

Den Namen der Frau kenne ich nicht. Nicht einmal den hat man ihr gelassen. In den Akten ist sie nur »das Weib von Nicklaus, Hans Petters Sohn« und »Hans Wirtenbergers Tochter«. Das heißt, sie ist der Besitz erst ihres Vaters, dann ihres Ehemannes Nicklaus Petter. Und wie ein Besitz wird sie verkauft, so wie eine Kuh oder ein Schwein. Die Väter, Hans Petter und Hans Wirtenberger, werden wohl beide einen Vorteil von diesem Handel gehabt haben. Die junge Frau hat den Nicklaus Petter nicht gewollt, das geht ganz klar aus den Aussagen der Nachbarn hervor, die der Amtmann von Ratzenburg nach ihrem Tod befragte. Vielleicht gab es jemanden, den sie gewollt hätte, der aber ihrem Vater nicht passte?

Den Nachbarn soll sie über ihren Mann gesagt haben: »Er könne keinen Pflug im Acker richten und die Güter, die sie von beiden Eltern haben, nit erbauen.« Und sie wollte, »dass ihr Vater sie dafür an einen Baum hätte gehangen.« So heißt es im Protokoll des Amtmanns. Weiter notierte er: »Doch nit konnte erfahren, dass der Mann ihr einige Ursach geben, sondern sie wohl gehalten. So habe sie eine ziemliche Nahrung gehabt und auch am Gut kein Mangel gewest.«

Er kann den Pflug nicht im Acker richten und die Güter nicht erbauen? Ist das ein Grund sich umzubringen?

Und ist »eine ziemliche Nahrung« zu haben und auch »am Gut kein Mangel« die richtige Voraussetzung für eine gute Ehe? Wer hat den Hilfeschrei »Hätte mein Vater mich doch an einen Baum gehangen« ernst genommen?

Die Hochzeit war am 10. Februar 1540. Wie sieht eine Ehe aus, der eine Frau nach vier Wochen ein Ende macht, indem sie sich umbringt? Was hat sie in diesen vier Wochen erlebt? Und welche anderen Alternativen hätte sie denn gehabt? Eine Scheidung war theoretisch möglich, denn die Wertheimer Herrschaft, und mit ihr alle Untertanen, war zum evangelischen Glauben übergetreten. Aber eine Scheidung zu jener Zeit? In einem winzigen Dorf? Sie wäre geächtet worden für den Rest ihres Lebens. Ihr Vater hätte sie ganz sicher nicht wieder aufgenommen und die Bewohner und Bewohnerinnen des Dorfes hätten sie wahrscheinlich als Bettlerin zum Ort hinausgejagt. Was also hätte sie tun sollen?

Ima Krüger (stehend) beim Vortrag in Fränkisch-Crumbach

Der 11. März wird ein schöner, milder Tag gewesen sein, denn es heißt, ihr Mann sei hinaus auf den Acker gegangen. Sie hat morgens wie immer die Kühe gemolken, das Schwein und die Hühner gefüttert. Vielleicht hat sie auch noch die Roggenmehlsuppe für ihren Mann gekocht? Dann ist sie langsam die steilen Stufen zum Dachboden hinaufgestiegen. Den Strick, der im Kuhstall neben der Tür hing, hat sie mitgenommen.

Nach ihrem Tode setzte ein gespenstisches Gerangel um ihre Habseligkeiten ein.

Die Wertheimer Herrschaft legte die Hand auf all ihre Habe, die ihres Mannes eingeschlossen. Er durfte zwar seine Güter »uff Bürgschaft« bebauen und gebrauchen, aber nicht verkaufen. Der Henker beanspruchte sogar das ganze Haus, weil ihm nach geltendem Recht der Galgen zustand, an dem sich ein Selbstmörder erhängt hatte. Und dann die bange Frage: Wie schafft man die Tote aus dem Haus, so dass ihre verlorene Seele den Eingang nicht mehr findet?

Die Wertheimer Herrschaft ließ die Schöffen des zuständigen Zentgerichts, in Brambach, das ist heute unser Hauptort Kirchbrombach, selbst darüber entscheiden.

Die Schöffen, nur von ihrer panischen Angst vor »Wiedergängern« geleitet, beklagten die »Missetat« – Selbstmord wurde zu jener Zeit mit Mord gleichgesetzt – und beschlossen folgendes Urteil: »Ist vom Schöffengericht die Frau unter der Schwellen aus dem Haus zu graben und unter dem Galgen zu verbrennen!« Die Angst vor »Wiedergängern«, d. h. vor Leuten, die keines natürlichen Todes gestorben waren und kein christliches Begräbnis bekamen, war damals außerordentlich groß und es gab die aberwitzigsten Praktiken, um diese Toten so aus dem Haus zu schaffen, dass sie den Eingang nicht wieder fanden und somit auch nicht zurückkehren konnten. Sie wurden zum Beispiel mit den Füßen zuerst durchs Fenster gehoben, Mauern wurden durchbrochen und hinterher wieder zugemauert oder sie wurden, wie die Frau in Böllstein, durch ein Loch unter der Schwelle hindurchgezogen. Selbstmörder wurden anschließend unter dem Galgen verscharrt. Die Angst vor Hexen war jedoch so groß, dass Selbstmörderinnen verbrannt wurden, damit nur ja nichts von ihnen übrig blieb.

Das müssen wir uns einmal vorstellen: Eine ganze Schar ausgewachsener Männer gräbt unter Aufbietung aller Kräfte ein Loch unter der Hausschwelle aus panischer Furcht vor der Seele einer verstörten, verzweifelten jungen Frau, die Hilfe gebraucht hätte und keinen Ausweg mehr wusste.

Wie erleichtert werden diese Schöffen des Zentgerichts gewesen sein, als oben auf dem Galgenberg zwischen Brambach und Hembach endlich der Scheiterhaufen brannte!

Die Geschichte des »Böllsteiner Selbstmord von 1540«, die Colmar im Wertheimer Staatsarchiv ausgegraben hat, beschäftigt mich schon seit Jahren. Im Briefwechsel zwischen Gräfin Barbara von Wertheim und dem Breubergischen Amtmann Fritz von Ratzenburg geht es hauptsächlich darum, wem der Besitz der jungen Frau zufällt. Außerdem weist Colmar noch auf verschiedene interessante Gesichtspunkte hin und beschreibt sie eingehend: die Souveränität der Schöffen in Fragen der Zentgerichtsbarkeit, das Untergraben der Hausschwelle zur Entfernung der Leiche, das Verbrennen der Leiche unter dem Galgen, die Beanspruchung des Hauses als Galgen durch den Scharfrichter und der Anspruch der Herrschaft auf das Vermögen der Selbstmörderin.

Ich wollte hinter der Geschichte vor allem den Menschen sehen. Die junge Frau, die es mit dem ihr bestimmten Ehemann nicht mehr aushielt und die deshalb ihrem Leben ein Ende setzte. Da über sie selbst nichts weiter in Erfahrung zu bringen war als das, was Colmar bereits herausgefunden hatte, wollte ich wenigstens wissen: Wie waren die Lebensumstände zu jener Zeit? Warum wird in den Akten ihr Name nicht genannt? Was hat es mit den von den Eltern beschlossenen Ehen auf sich? Unter welchen Umständen war eine Scheidung möglich? Wie arbeitete ein Zentgericht?

Über den fehlenden Namen gibt das Odenwälder Jahrbuch »gelurt« von 1987 Auskunft in dem Artikel »Was uns die alten Kirchenbücher sagen« von Wilhelm Schnellbächer und Jakob Koch. Sie schreiben: »Ein kaum zu heilender Mangel ergibt sich jedoch aus dem Umstand, dass die Pfarrer teilweise bis zum Beginn des 19. Jahrhunderts die Namen der Ehefrauen entweder gar nicht oder nur mit dem Vornamen angegeben haben. So ist in der Regel der Name des Ehemannes genau, oft noch unter Nennung des Namens seines Vaters vermerkt, jedoch wo seine Ehefrau bezeichnet werden soll, heißt es nur: ›sein Weib‹ oder ›seine Hausfrau‹.« Wie die Frau hieß, der ich so gern einen Namen geben würde, werde ich also nie herausfinden.

Über die Ehe fand ich in Werner Röseners »Bauern im Mittelalter« den folgenden Eintrag:

»... dann sangen alle zum Beschluss.
Der Bräu'gam trat ihr auf den Fuß.«

Die zum Schluss erwähnte Sitte, dass der Bräutigam der Braut auf den Fuß tritt, weist unverkennbar auf den Rechtscharakter der Eheschließung im Sinne eines Kaufabschlusses hin: auf das Besitzergreifen einer Sache. Bei den bäuerlichen Ehen der älteren Zeit handelt es sich also keineswegs um »Neigungsehen« im heutigen Sinne. Auch war der Eheschließungsakt keine emotional geprägte Zeremonie, sondern ein nüchterner Rechtsvertrag zwischen zwei Verwandtschaftsgruppen. Die Braut war in gewisser Hinsicht nur eine Sache in den Händen der männlichen Sippenangehörigen. Der Vater der Braut oder ihr nächster männlicher Verwandter nahmen in der Regel Verlobung und Trauung vor.

Über Ehescheidungen fand ich bei Werner Blesch im Mosbacher Jahresheft von 1994 unter dem Titel »Leben, lieben und bitter leiden« die folgenden Notizen: »Streit in der Ehe war keine Privatangelegenheit. Kamen Ehepartner nicht miteinander aus, mussten sie sich dafür vor dem Ältestenrat verantworten, in schweren Fällen gar vor der weltlichen Obrigkeit. (...) Ein pfälzisches Schriftstück von 1582 bezeichnet die Ehe als *›ein unauflöslich band der Seelen, und Leibs und Guts‹*.«

Eine Scheidung war seit der Reformation bei Menschen mit protestantischem Glauben zwar möglich, sie wurde jedoch nur sehr zögernd ausgesprochen. Immer wieder wurde versucht, auch schwierige Ehen wieder zusammenzuführen, die Eheleute auch dann zu versöhnen, wenn sie schon längere Zeit getrennt lebten.

Über die Arbeit des Zentgerichts in Kirchbrombach lese ich im »Odenwälder Bildblatt«, Nr. 5/84 in einem Artikel von Georg Dascher: »Die Zent Kirchbrombach hatte eine beachtliche Größe. Sie war identisch mit dem gleichnamigen Kirchspiel. Der Zentschultheiß war oberster Richter der Zent. Ihm zur Seite standen die Land- oder Zentschöffen. In Kirchbrombach waren es zwölf, nach anderen Quellenangaben auch vierzehn. Sie waren von der Zentmannschaft frei gewählt und von dem jeweiligen Landesherrn in ihrem Amt bestätigt. (...) Die Zentschöffen mussten schwören: *›Nach ihrem besten Verstand recht Urteil zu geben und zu sprechen.‹* (...) Dass dem Zentgericht in Kirchbrombach in früherer Zeit auch die hohe Gerichtsbarkeit übertragen war und als Blut- oder Hochgericht über Leben und Tod zu entscheiden hatte, bestätigt allein das Gefängnis im Zentort mit der dazugehörigen Richtstätte am Galgenberg.«

Der Beschluss des Kirchbrombacher Schöffengerichts, die Leiche der Selbstmörderin unter der Schwelle des Hauses durchzuziehen, geht laut Colmar im Schnellertsbericht von 1984 »... auf uraltes, heidnisch-germanisches Brauchtum zurück. Es muss geradezu als sensationell bezeichnet werden, dass sich ein solcher Archaismus mehr als 800 Jahre nach der Christianisierung bis ins Zeitalter der Renaissance und des Humanismus erhalten konnte.«

In der »Zeittafel zur Geschichte der Zent Kirchbrombach« von H.W. Debor ist unter dem Jahr 1542, also zwei Jahre nach dem Selbstmord, Folgendes zu lesen: »Am 15. Juni 1542 wird die Türkenschatzung in der Zent Kirchbrombach erhoben (...) Wegen einer Pest-Epidemie musste dann die Schätzung eingestellt werden und konnte erst 10 Monate später im Bereich um den Breuberg fortgesetzt werden.«

Die Verluste durch diese Pest müssen auch in der Zent Kirchbrombach erheblich gewesen sein. Dies ergibt sich bei einem Vergleich der Einwohnerlisten von 1542 und 1557. Die Namen der beiden Familien, die an der Tragödie beteiligt waren, Petter und Wirtenberger, tauchen in den nach der Pestepidemie erstellten Einwohnerlisten nicht mehr auf.

Literaturhinweise

Blesch, Werner: »Leben, Lieben und bitter leiden«, in: Mosbacher Jahresheft 1994

Bormuth, Heinz: »Galgen und Richtplätze um die Böllsteiner Höhe«, in: Schnellertsbericht 1984, hg. von der Forschungsgemeinschaft Schnellerts e. V., Brensbach 1984

Colmar, Hans-Ulrich: »Böllsteiner Selbstmord von 1540«, in: Schnellertsbericht 1984, hg. von der Forschungsgemeinschaft Schnellerts e. V., Brensbach 1984

Dascher, Georg: »Nachrichten über Gerichte, das Gefängnis und den Galgen«, in: Kirchbrombach, Odenwälder Bildblatt, Nr. 5/84

Debor, H. W.: Zeittafel zur Geschichte der Zent Kirchbrombach, hg. von der Gemeinde Brensbach 1989 (brosch.)

Rösener, Werner: Bauern im Mittelalter, München 1987

Schnellbächer, Wilhelm/Koch, Jakob: Was uns die alten Kirchenbücher sagen – am Beispiel des evangelischen Kirchspiels (Bad) König, in: »gelurt«. Odenwälder Jahrbuch für Kultur und Geschichte 1997, hg. vom Kreisarchiv des Odenwaldkreises, Erbach 1996

Maria Theresia Kredell

Die erste weibliche Posthalterin

von Amarelle Opel

Maria Theresia Kredell wurde 1827 in Erbach geboren. Ihr Vater war der Kaufmann Adam Kröber aus Schriesheim, der später Teilhaber und Geschäftsführer auf dem Michelstädter Hüttenwerk war. Weiteres über ihre Kindheit und Jugend ist bisher nicht bekannt. Am 22. Oktober 1846 im Alter von 19 Jahren heiratete sie Georg Friedrich Kredell. Ein Jahr später am 1. September 1847 wurde ihre Tochter Maria Auguste Wilhelmine geboren. Ihr Ehemann, der 1846 von seinem Vater Albrecht Kredell mit der Leitung der Posthalterstelle in Erbach und der Verwaltung des dabei liegenden Poststalls betraut worden war, führte die Poststelle in Erbach nur bis zum Jahr 1849.

In diesem Jahr verließ er heimlich seine Heimatstadt Erbach. Dieses überstürzte Weggehen stand wahrscheinlich im Zusammenhang mit den damaligen revolutionären Unruhen im Großherzogtum Hessen und dem Odenwald, um sich der Festnahme durch großherzogliche Truppen zu entziehen. Es gibt darüber keine gesicherten Unterlagen, bekannt ist nur, dass er Frau und Kind sowie seine Existenz aufgab, um nach Amerika zu entfliehen.

Für Maria Theresia Kredell mit ihrer kleinen zweijährigen Tochter begann eine harte Zeit, aber tatkräftig übernahm sie die Postexpedition ihres Mannes und führte dieselbe anschließend über 40 Jahre zur vollsten Zufriedenheit ihrer vorgesetzten Behörde weiter.

Maria Theresia Kredell

Da es 1849 im gesamten Verwaltungswesen noch keine weiblichen Beamten gab, wurde ihr die Führung der Poststelle nur provisorisch übertragen, die sie jedoch so vorbildlich leitete, dass ihr von der großherzoglichen Behörde in Darmstadt folgende Belobigung ausgesprochen wurde: »Bezüglich der Erfüllung ihrer Dienstobliegenheiten, sei ihnen das Lob der Ordnungsmäßigkeit in jeder Beziehung ausgesprochen.«

Auch im 1871 neu gebildeten Deutschen Reich galt Maria Theresia Kredell als die einzige weibliche Postangestellte, und der Deutsche General-Postmeister Heinrich v. Stephan kam bei einer Inspektionsreise nach Erbach, um die Postverwalterin persönlich kennenzulernen. Maria Theresia Kredell war eine tatkräftige und gewissenhafte Frau. Sie ließ es sich nicht nehmen, beim Ankauf neuer Postpferde nach Frankfurt auf den Pferdemarkt zu fahren, um dort selbst die entsprechenden Tiere auszusuchen.

In der Postchronik wird berichtet, dass sie beim Heumachen in den Erbacher Kandelswiesen selbst zugegen war und teilweise bei der Arbeit mithalf. Sie unterbrach ihre Nachtruhe, wenn ihre Postillione in tiefer Nacht auf dem Posthof ankamen, und verlangte sogleich Bericht über die Fahrt und sonstige Ereignisse. Im März 1855 kaufte Frau Kredell die gesamte Posthofreite, die sie dann bis zu ihrer Pensionierung 1892 eigenständig führte. Ihre einzige Tochter Maria Auguste Kredell heiratete am 31. Dezember 1871 den Erbacher Grafen Ernst Franz zu Erbach-Erbach. 1892 ging die Posthalterin Maria Theresia Kredell in den Ruhestand. Im Alter von 72 Jahren starb sie am 21. März 1899. Ihr Anwesen fiel durch Erbfolge an das Grafenhaus zu Erbach.

Amarelle Opel beim Vortrag in Fränkisch-Crumbach

Literaturhinweis

Kredel, Georg: »Die Posthalter Kredell in Erbach«, in: »gelurt«. Odenwälder Jahrbuch für Kultur und Geschichte 2002, hg. vom Kreisarchiv des Odenwaldkreises, Erbach 2001

Auf den Spuren meiner Großmutter

Die Aus- und Rückwanderung von Elisabeth Arras

von Lina Keil

Nicht alle Auswanderer fanden, was sie sich gewünscht und vorgestellt hatten, so auch nicht Elisabeth Arras, geb. List. Sie ist meine Großmutter, die nach Amerika auswanderte und nach einem Jahr zurückkehrte.

Elisabeth Arras, geb. List

Die Auswanderergeschichte der Sippe Keller aus Beedenkirchen, zu der meine Großmutter gehörte, beginnt im Jahr 1854. Sie ist dokumentiert in noch vorhandenen Briefen aus der zweiten Hälfte des 19. Jahrhunderts, die sowohl von Nebraska aus geschrieben als auch von Beedenkirchen nach Amerika geschickt wurden. Ulrich Kirschnick und Dr. Marie-Louise Seidenfaden veröffentlichten sie in dem Buch »Im 19. Jahrhundert – Von Beedenkirchen und Mittershausen nach Amerika«. Sie schreiben:

»Solche Briefe sind sehr selten. ... Aus dem Inhalt der Briefe wird deutlich, dass das Interesse der Landbevölkerung, ob in Amerika oder in Deutschland, gleich blieb. Am wichtigsten waren zu jener Zeit die Ernten. Die Mitteilung der Erträge und der erzielten Preise war deshalb wesentlicher Bestandteil eines jeden Briefes. Ein weiteres Hauptthema war auch das Wetter, denn nicht nur die Ernten waren hiervon abhängig, sondern auch das allgemeine Wohlbefinden. Da die Auswanderung in den meisten Fällen ein Abschied für immer war, wurden auf dem schriftlichen Weg die wichtigsten familiären Ereignisse mitgeteilt. Politische und kulturelle Ereignisse wurden in diesen Briefen selten oder gar nicht (erwähnt).«

Margaretha Barbara Keller wanderte 1854 nach Ohio aus. Sie heiratete 1855 William Emde (aus Waldeck stammend) und war seitdem in Iowa mit ihm zu Hause. Margaretha Barbara hatte den Kontakt mit ihrer Familie nie abreißen lassen, deshalb ist es verständlich, dass ihr Neffe Peter Keller direkt zu ihr nach Iowa kam, um sich in Amerika einzuleben. In ihrem Nachruf heißt es: Die Verstorbene hinterlässt viele um ihren Tod trauernde Verwandte sowie eine große Anzahl Freunde, denen sie geholfen hatte, in Amerika Fuß zu fassen.

1880 zog Peter Keller im Alter von 28 Jahren nach Iowa zur Familie Emde. Er arbeitete achtzehn Monate bei Onkel und Tante und heiratete dort 1881 seine Verlobte Katharina Seibert aus Brandau, die inzwischen nachgereist war. In Lincoln, Nebraska, fand er Arbeit bei der Eisenbahngesellschaft, über die Landkauf möglich war. Er wurde sesshaft als Farmer bei Germantown (1918 in Garland umbenannt) in Nebraska.

Als besonders eifriger Briefschreiber vermittelte Peter Keller Informationen zwischen der Keller-Verwandtschaft in der Heimat und in Amerika. Als Bruder der Urgroßmutter berichtete er auch über besondere Lebenssituationen der Urgroßmutter und der Großmutter. Die Lebenslage Peter Kellers und seiner Familie möchte ich mit Zitaten aus Briefen von ihm an seine Tante Emde darstellen. Etwa 1888 schreibt er:

»Wir sind alle fünf recht gesund und munter und haben die Hände voll Arbeit alltime, but es geht gut und wir haben wieder einen guten erop (Ertrag) dieses Jahr. Mit der Ernte sind wir fertig und Kartoffels sind gut geraten. Welschcorn ist ausgezeichnet, wird wohl 60 Bushel geben vom acer und noch eine Mare (Pferd) haben ich mir letzten Winter gekauft für 120 Dollar, cash money, die hat ein schönes Fohlen seit April.

Wir bekommen letztes Jahr ziemlich gute Preiße für alle Früchte, … Schweine wollen wir jetzt 16 Stück fett füttern, Rindvieh haben wir 12 Stück. Das bietet alles, wenn es so fort geht, aber, wie gesagt, hart schaffen. Ich habe jetzt über 90 acer cultiviertes Land, das bearbeite ich selbst allein, dabei jedes Jahr bauen und ... mein Nachbar ... sagt oft zu mir ... du wirst reich werden. Aber es wird als druf geschafft, dass die Schwarte kracht. ... Werte Freunde Emde und Tante Emde, wir würden wünschen, dass Ihr uns jetzt einmal besuchen thätet, wenn Ihr gesund und kräftig genug seid, aber ja nicht in der Winterzeit, denn diese frische Praireluft könntet Ihr nicht Ständen. Im Winter ist es hier kalt, sehr Kalt manchmal, sogar im August ist es so frisch, dass ich letzte Woche oft die Kutte beim Stoßelplugen angezogen habe. ... Liebe Tante, von Deutschland weiß ich nichts Neues, wir haben schon lange keinen Brief von dort gegrigt. Unser Fritz geht schon manchmal in die Schule, hat aber noch nichts gelernt als Fratzen machen und Lisse, sie kann Lachen dass die Fenster auffahren. Mary ist erst 2 Jahre und 5 Monate alt und ists Baby.«

Neuigkeiten aus Deutschland finden wir in einem Brief vom 26. Januar 1892:

»Jetzt liebe Tante, Ihr wollt gerne etwas von Deutschland hörn, wir haben letzte Woche einen Brief gegriegt und ich will Euch hier alles mittheilen. Mein Vater er lebt noch, ist aber meiste Zeit krank, ... Das Haus und Feld ist an meinen Bruder Johannes übergegangen, der ist seit 2 Jahren verheiratet mit der ältesten Tochter des Jakob Schwinn.[1] Meiner Schwester Barbara ihr Mann hat etwa for 2 Jahre 20.000 (Zwanzigthausend) Mark im Holzhandel verloren und jetzt ist er im Irrenhaus, die waren gut ab, aber sie werden alles verlieren. Sie hat eine Tochter etwa 10 Jahre alt.« – Hier erfahren wir erstmalig etwas von meiner Großmutter.

Freddie Keller schreibt in einem Brief am 20. Dezember 1894 auf Englisch: »Mein Name ist Freddy und ich werde am 9. Januar

1 Tante von Rektor Karl Schwinn

12 Jahre alt. Ich gehe zur Schule und bin in vier Lesungen, Arithmetik (Rechnen), Grammatik, Geographie, Rechtschreibung … Ich und Papa machen Schularbeiten, in so manchen Nächten. Wir haben Bezirks-Bücher in der Schule, aber einige Bücher kaufen wir selbst. Nun werde ich von meiner Arbeit erzählen, ich habe jeden Morgen $1^1/_2$ Meilen zu einem anderen Land zu gehen, um das Vieh zu tränken. … Manchmal muss ich die Pferde und Schweine füttern.«

Fritz Schwester Lizzi schreibt im gleichen Brief: »Nun werde ich Dir erzählen, was ich arbeite. Ich muss zwei Stunden morgens und abends melken und nach dem Mittagessen sowie abends muss ich helfen Geschirr zu spülen, da ich nun 10 Jahre alt bin, aber ich wurde erst 10 am 30. August. Ich habe ein paar neue Strümpfe gestrickt und zwei andere Paar habe ich fast bis zur Ferse gestrickt.«

Aus den Briefen ist zu entnehmen, dass Familie Peter Keller in Wohlstand lebte; wie sie Wirtschaftsgebäude bauten und ein Haus mit Diele, Diningroom und Veranda; wie sich der Vieh- und Landbestand vermehrte; dass dabei immer zielstrebig gearbeitet wurde und dass alle sich christlich am evangelischen Glauben orientierten.

Soweit ein Einblick in das Farmerleben der Familie Peter Keller.

In dieser strebsamen, emsig arbeitenden Familie kam meine Großmutter, Elisabeth Arras, nunmehr 16 Jahre alt, 1896 an. Sie freute sich, Cousins und Cousinen, Onkel und Tante kennenzulernen.

1897 schreibt Peter Keller: »Well, wir hatten Besuch aus Deutschland. Meiner ältesten Schwester ihre Tochter war hier bis zum 27ten März, da ist sie wieder zurück in ihre Heimat, es hat ihr hier nicht gefallen und sie will ihr Glück in Deutschland versuchen. Sie ist 17 Jahre alt, und hat die Reise ganz allein unternommen. Sie gedenkt bis Ostern wieder zu Hause zu sein.«

Dialog zwischen Großmutter und Enkelin

Szenisches Anspiel

Großmutter (zum Publikum gewandt): Heute bin ich in das Gewand meiner Großmutter geschlüpft und spiele nun ihre Rolle. Meiner Enkelin Lina werde ich meine Geschichte erzählen.

Denn es ist ungewöhnlich, dass ein 16-jähriges Mädchen allein auswandert und wieder zurückkehrt.

Enkelin: Was hat deine Auswanderung mit den Kellers in Beedenkirchen zu tun?

Probenfoto, v. l.: Lina Keil als ihre Großmutter, Martina Schmitt als Enkelin Lina

Großmutter: Meine Mutter Barbara List, sie war eine geborene Keller, stammt aus »Kellerhannesse« in Beedenkirchen, aus demselben Haus, aus dem ihre Tante Margaretha Barbara Keller 1854 und ihr Bruder, mein Onkel Peter Keller, 1880 ausgewandert waren.

Enkelin: Warum wolltest du nach Amerika?

Großmutter: Ein Grund waren verworrene Verhältnisse in meinem Seeheimer Elternhaus, das noch heute steht. Meine Mutter hatte als zweite Frau den wohlhabenden Landwirt und Holzhändler Johannes List in Seeheim geheiratet. In seiner krankhaft manisch-depressiven Veranlagung machte er auch riskante Geschäfte. Als Kranker im »Irrenhaus« brauchte er einen Vormund und verlor so all sein Hab und Gut. Meiner Mutter riet der Pfarrer von einer Scheidung ab, da er nach der ersten noch eine weitere Frau ins Grab bringen könne. So kam es, dass uns ein Erbteil an Geld erhalten blieb, obgleich wir kein Zuhause mehr besaßen. Ein weiterer Grund waren die Briefe aus Amerika mit guten Nachrichten von dort und verlockenden Einladungen.

Enkelin: Wie alt warst du, als du die weite Reise angetreten hast?

Großmutter: Ich war sehr jung, fast noch ein Kind, als ich mit 16 Jahren alleine im Jahr 1896 mit Eisenbahn und Dampfschiff über Land und Ozean nach Nebraska fuhr. Mit ein paar Habseligkeiten im Schließkorb machte ich mich auf den Weg. Ein Bild der Eltern und Großeltern war dabei. Fürwahr kein leichter Abschied – in der Meinung, es sei für immer.

Enkelin: Wie hattest du dir das Leben dort vorgestellt?

Großmutter: Ich hatte den Wunsch, beim Onkel in Amerika etwas zu lernen, vor allem die englische Sprache. Ich wollte etwas erleben und hoffte, dort mein Glück zu machen. Wollte etwas werden ... vielleicht sogar Lehrerin.

Enkelin: Wie sah es denn in Wirklichkeit aus?

Großmutter: Ich muss sagen: Freundlich aufgenommen wurde ich in der Familie meines Onkels Peter Keller auf seiner Farm bei Germantown in Nebraska. Doch es waren tüchtige Leute, die alle hart arbeiteten – auch die Kinder. Auch ich blieb davon nicht verschont: Nach ungewohnter, schwerer körperlicher Arbeit als Magd in Haus und Hof fielen mir abends die Augen zu. Zum Philosophieren oder Lernen kam ich nicht. Es packte mich das Heimweh mit aller Macht und die Sehnsucht, unter die Fittiche meiner Mutter zurückzukehren, die mich als ihr »Ein und Alles« verwöhnt hatte.

So kehrte ich zur Osterzeit 1897 mit 17 Jahren wieder nach Beedenkirchen zurück. Diese Fotografie aus jener Zeit, die mich mit meiner Tante in Amerika zeigt, habe ich als Andenken mitgebracht. *(Zeigt ein Foto)*

Enkelin: Wie ging dein Leben zu Hause weiter?

Großmutter: Zusammen mit meiner Mutter zog ich als Schneiderin mit der Nähmaschine von Haus zu Haus. Die Arbeit machte mir Spaß. Ich kam unter Leute und hatte Gelegenheit zu vielen interessanten Gesprächen.

Enkelin: Hast du denn gar nicht ans Heiraten gedacht?

Elisabeth Arras mit ihrer Tante Anna Katharina Keller in Amerika

Großmutter: Das habe ich mir recht lange überlegt. Als ich 32 Jahre alt war, ist mein Vater gestorben und somit mein Erbteil fällig geworden. Das machte mich finanziell gesehen zu einer guten Partie. Nach meiner Verlobung wurde ich gewarnt. Ein Heiratsvermittler hatte die Verlobung im Mai 1913 und die Hochzeit im gleichen Jahr in die Wege geleitet. Ich heiratete Johann Peter Arras aus Michelbach, dem zu Fränkisch-Crumbach gehörigen Weiler.

Enkelin: Warum wurdest du gewarnt?

Großmutter: »Wo ich hinkäme, würde ich lebendig begraben«, schrieb mir ein ehemaliger Freund und warb ein letztes Mal um mich. Diese Warnung schlug ich in den Wind. Die Aussicht, als Bäuerin schalten und walten zu können, an der Seite eines hübschen Bauern auf einem Hof, der damals eine Lebensgrundlage war und gleichzeitig für meine Mutter eine Bleibe bot – das alles war zu verlockend. Doch dann gingen mir die Augen auf: In erster Linie war mein Geld willkommen zur Auszahlung der zehn Geschwister meines Mannes, die teils vorher und während der nächsten 17 Jahre nach und nach wegheirateten – und die, solange sie da waren, das Sagen hatten. Demütigungen und Schläge durfte ich einstecken, ebenso meine Mutter, die als Arbeitskraft geschätzt war. Meinen drei Kindern konnte ich nur wenig Nestwärme bieten. So wurde ich zur Michelbacher »Sange Lies«, wie mich die Leute nannten, wegen meines angeblich ungepflegten Äußeren.

Enkelin: Warum hast du deine Kleider nicht angezogen, von denen ich heute noch verleihe, für Festzüge und zum Theaterspielen?

Großmutter: Zunächst trug ich diese Kleider, die meine Mutter genäht hatte. Doch als mein Mann im Ersten Weltkrieg war, meinten seine Geschwister: »Du suchst wohl einen anderen, weil du dich so fein machst?« Daraufhin habe ich sie nicht mehr angezogen – sie wollten es ja so haben!
Enkelin: Woher stammt eigentlich das schöne Schränkchen, das ich von dir geerbt habe?

Großmutter: Weil ich wusste, was Auswandern bedeutet, habe ich Gegenstände von jüdischen Freunden gekauft, die den Erlös für die Finanzierung ihrer Ausreise benötigten, als sie Deutschland verlassen mussten, um ihr Leben vor dem Naziregime zu retten.

Enkelin: Großmutter, ich habe oft zugehört, wenn du mit dem Pfarrer über Glaubensfragen diskutiert hast – deine Ansichten waren streng.

Großmutter: Ja, ich habe meine puritanische Einstellung verteidigt. Ich habe gerne gesehen, dass du den Kindergottesdienst besuchtest. Es hat mit gefallen, dir Gesangbuchverse beizubringen. Missfallen hat mir aber, als du angemalt und kostümiert zur Kinderfastnacht gingst. Ich war stolz, dass du aufs Gymnasium gegangen bist und Englisch gelernt hast. Aber: Es muss auch Mädchen geben, die einen Bauern heiraten!

Enkelin: Warum hast du dich so gerne mit fremden Leuten unterhalten?

Großmutter: Viele kamen nach dem Krieg aus der Stadt, weil sie hungerten, und sie gingen nicht leer aus. Sie hatten einen anderen Horizont als die Menschen meiner Umgebung. Mit ihnen konnte ich über Gott und die Welt und über Politik diskutieren.

Ich brauchte das Gespräch, das mir wichtiger war als eine aufgeräumte Stube. Meine Tragödie war, dass meine geistigen Bedürfnisse in meinem neuen Heimathaus nicht verstanden, sondern missachtet wurden. Vielleicht hätte ich halt doch durchhalten und in Amerika bleiben sollen!?

Enkelin: Nein, sonst wäre ich nicht da …

Großmutter: … und ich hätte dich nicht!

Nachwort

Hut ab vor meiner Großmutter. Heute finde ich mich in den Spuren meiner Großmutter – sie hat mich geprägt. Elf Jahre war ich alt, vor ihrem Sterbebett hieß sie mich niederknien. Sie legte die Hand auf meinen Kopf, mit den Worten »Gott segne Dich!« erbat sie Schutzwall und Richtschnur für mich. – Ja, so hat sie mich geprägt.

Quelle/Literaturhinweis

Dieser Text entstand aus persönlichen Erinnerungen von Lina Keil, Reichelsheim/Ober-Ostern, an Gespräche mit und über ihre Großmutter.

Kirschnick, Ulrich/Seidenfaden, Marie-Louise: Im 19. Jahrhundert – Von Beedenkirchen und Mittershausen nach Amerika, Schriften der Hessischen Familiengeschichtlichen Vereinigung e.V., Darmstadt 1993

Die Lebkuchenbäckerinnen von Beerfurth

von Ursula Reuter und Barbara Linnenbrügger

Von Beginn an war die Lebkuchenbäckerei eine Frauendomäne. Flink, arbeitsam und fleißig – das wurde an den Frauen geschätzt, und ihre Fingerfertigkeit. Der hohe Anteil der Handarbeit bei der Lebkuchenherstellung ist geblieben, es lohnt bis heute nicht, entsprechende Maschinen anzuschaffen. Da die Lebkuchenbäckerei ein Saisongeschäft ist, waren und sind Frauen auch deshalb gefragt, weil Männer selten eine Arbeit annehmen, die nicht über das ganze Jahr läuft. Früher gingen überwiegend die Bauernmädchen aus dem Dorf »beim Eberhardt«, der örtlichen Lebkuchenbäckerei, schaffen. Diese Arbeit ergänzte sich über die Wintermonate für die Frauen sehr gut mit der sommerlichen Arbeit im Garten und auf den Feldern; und war sicher ein notwendiger Bestandteil des Familieneinkommens.

Aus dem Leben der Lebkuchenbäckerinnen

Szenisches Anspiel

Über 40 Jahre habe ich beim Eberhardt in Beerfurth geschafft. Damals, gleich nach dem Krieg, hat es hier acht Lebkuchenbäckereien gegeben. Ich war schon gut 20 und musste Geld dazuverdienen. Immer von August oder September über Weihnachten bis zum nächsten Ostern ging es. Denn wir haben ja nicht nur die Lebkuchen gemacht, sondern auch Schokolade. Erst die Nikoläuse und dann die Osterhasen.

Meine Mutter hat als Zigarrendreherin in Beerfurth in der Oppenheimerschen Zigarrenfabrik gearbeitet. Eines Tages Anfang Januar war sie hochschwanger mittags um 12 Uhr zum Essen nach Hause gegangen und sollte um 1 Uhr wieder da sein.

Als sie nicht kam, wurde nach ihr geschickt und die Frauen riefen: »Die Minnie«, das war meine Mutter, »die Minnie hat gerade eine Tochter bekommen, die kann nicht!« So hurtig, wie ich da auf der Welt war, bin ich auch heute noch. Schon als kleines Kind habe ich von meiner Großmutter zu jedem Geburtstag, Anfang Januar, ein Lebkuchenherz vom Bäcker Eberhardt, mit Geburtstagsgrüßen drauf geschrieben, bekommen.

War teilweise schwere Männerarbeit, die ich gemacht habe. Den Teig machte der Chef mit der Maschine, die genauen Rezepte hat keine von uns gekannt, nur er. Dann musste der Teig einen Tag stehen. Die großen Batzen habe ich dann mit der Hand geknetet, mit ein bisschen Mehl.

Mit dem Welcherholz habe ich dann die Batzen gewelchert, das heißt ausgerollt. Dann habe ich die Teigplatten mit beiden Händen hochgenommen und vorsichtig umgedreht, es durfte ja nichts reißen. Mit der rechten Hand habe ich sie in die Maschine geschoben, mit der linken Hand gedreht, dass der Teig dünner ausgerollt wurde. Immer rechts geschoben und links gedreht, eine schwere Arbeit. Auf der anderen Seite hat eine Frau den dünnen Teig abgenommen und hingelegt und dann mit den Metallformen, Herzen in allen Größen, ausgestochen. Die nächste Frau hat den überstehenden Teig abgenommen und ihn mir zurückgegeben. Ich habe das dann wieder neu geknetet und alles ging von vorne los. Aber der Teig wurde immer härter und es war immer schwerer, ihn zu kneten. Die nächste Frau hat dann die Metallformen abgenommen und die Teigherzen auf ein gefettetes Blech aufgesetzt. Zuletzt setzte eine weitere Frau die Mandeln auf die Herzen. Und dann wurden sie mit dem Schießer in den Ofen geschossen. Wenn sie fertig waren, hat sie eine Frau mit dem Pinsel gebräunt.

Ursula Reuter als Lebkuchenbäckerin beim Auftritt in Michelstadt

Früher wurden die Lebkuchen an Weihnachten noch mit Zuckerguss beschriftet von den Frauen, aber das machen sie schon lange nicht mehr, es gibt nur noch Mandeln.

Früher wurden auch noch Gäulchen gebacken aus Lebkuchen und dann bemalt. Die gibt es heute auch nicht mehr. Und dann gab es früher eine Lebkuchenform, die hieß »Brunslies«. Wissen Sie, was das heißt? »Pinkelliese!« Leider ist sie abhanden gekommen.

Ich konnte alles, auch die Maschine einstellen und so. Ich habe die schwerste Männerarbeit gemacht. Beim Eberhardt waren früher nur drei Männer: die beiden Chefs und immer ein Fahrer. Zuerst hatten wir einen Ofen, der mit Briketts geheizt wurde, nur drei bis vier Bleche passten rein. Die Bleche rein- und rausschieben, das war schwere Arbeit, und es musste schnell gehen, da der Ofen ja sonst seine Hitze verlor – ich habe mich oft verbrannt an den Armen. Dann bekamen wir einen Brikettofen, in den Karren mit zweimal zehn Blechen reingeschoben wurden. Das war auch schwer, die Wagen zu schieben. Später gab es dann Gasöfen.

Wir wurden aber ganz gut bezahlt, habe ja auch viele Überstunden gemacht. Alle 14 Tage »Schuss« und am Monatsende die Abrechnung! Wir haben unsere Stunden aufgeschrieben und das wurde dann verglichen. Es war ein sehr guter Familienbetrieb. Es gab Weihnachtsgeld und ein Gebäckpaket. Und an Fastnacht wurde nur bis 10 Uhr gearbeitet und dann gab es Rippchen mit Kraut. Im April, wenn es draußen schon wärmer wurde und die Schokolade von den Osterhasen sich dann nicht aus den Formen löste, haben wir auch nachts gearbeitet. Da haben wir die halbe Nacht gesungen: »Ein Jäger aus Kurpfalz«, »Es wollt ein Mädchen früh aufstehn«, »Gold und Silber lieb ich sehr« und »Wenn alle Brünnlein fließen«.

Manchmal sind wir erst um halb fünf heimgegangen und ich musste dann aber um halb acht morgens wieder da sein. Tagsüber war's dann beim Backen oft sehr heiß, im Winter aber auch ganz angenehm.

Die Frauen kamen zu Anfang, nach dem Krieg, nur aus dem Dorf, aber dann waren Frauen aus der ganzen Umgebung da. Unter uns Frauen war es gut, wir waren ein eingeschworenes Team. Die Alten, wie wir, haben alle 30, 40 Jahre da gearbeitet. Die Jungen sind oft weggeblieben, wenn sie geheiratet haben, dann waren sie weg.

Wir hatten eigene Trägerschürzen oder Kittel an, bunte und weiße Leinenkappen auf, die haben wir vom Eberhardt gekriegt. Jeden Tag wurde gekehrt und die Sachen und die Maschinen gespült und jede Woche wurde groß geputzt. Jede Frau musste mitmachen. Der Chef und die Chefin haben auch mit geputzt. Und kurz vor Weihnachten gab es dann ein Großreinemachen. Aber gleich nach Weihnachten ging es wieder weiter. Mit den Osterhasen haben wir schon nach Nikolaus angefangen, wenn es mit den Weihnachtssachen weniger wurde.

Ich kann mich noch erinnern, wie der alte Meister mit der Kaize (Kiepe aus Weidengeflecht) auf dem Rücken die Hintergass runterging, jeden Morgen, da hatte er seine Lebkuchen und so drin und hat sie verkauft. In Beerfurth haben die Frauen wohl nicht über Land verkauft. Aber wir haben mit dem Wisch auf dem Kopf, das ist ein Wollstoff, schön gefüllt mit Lappen, damit das nicht so weh getan hat, und der Manne, dem Weidenkorb, obendrauf Brennholz aus dem Wald geholt. Manchmal sind wir ein bis eineinhalb Stunden gelaufen im Winter und haben den Männern, die im Wald Holz gemacht haben, das Essen gebracht und Holz mit zurückgenommen. Die Lebkuchen wurden nur an die Geschäfte verkauft und die Marktstände beschickt für Weihnachtsmessen bis Frankfurt und Darmstadt. Den Verkauf hier in Beerfurth, mit den Bussen von überall her, den gibt es noch nicht so lange.

Quellen

Interview mit Anna Palesch und Anna Jungblut, beide langjährige Lebkuchenbäckerinnen aus Reichelsheim-Beerfurth, geführt am 28. Juli 2005 von Ursula Reuter und Barbara Linnenbrügger.

Interview mit Herrn Gräber, Enkel des Firmengründers Wilhelm Eberhardt aus Reichelsheim-Beerfurth, zum Thema »Die Schokoladenfabrik Eberhardt und die Lebkuchenbäckerinnen«, geführt am 30. August 2005 von Barbara Linnenbrügger.

Die Zigarrendreherinnen von Fränkisch-Crumbach

von Martina Schmitt

Szenisches Anspiel

Das ist die letzte Zigarre, die ich gedreht hab, ich hab sie mitgenommen, zur Erinnerung. Jetzt ist der Krieg aus und ich weiß nicht, was kommt und was wird.

Ich bin die Grete, Gretsche genannt, ich war 'ne Zigarrenschickse. So hawwe se uns genannt, damals. Ich hab nämlich in der Zigarrenfabrik gearbeitet, in Fränkisch-Crumbach beim Oppenheimer, dem Juden.

Martina Schmitt als Zigarrendreherin

Gut ging's uns – die Arbeit hat Spaß gemacht – das Zigarrendrehen, Tag für Tag, gelacht hawwe mer unn gesunge dabei.

Gutes Geld hawwe mer verdient. Er hat gut für uns bezahlt, der Oppenheimer, sogar für die Krankenkasse und die Rente. Gut ging's uns. Deshalb warn mer de Schickse, weil's uns besser ging. Viele warn auch neidisch auf uns.

Das ist die letzte Zigarre, die ich gedreht hab, ich hab sie mitgenommen, zur Erinnerung. Schön war's und die Zeite warn schön und ich war noch so jung.

Mei Freundin Liesche hat immer gesagt: »Es wird gedreht und geleiert unn Bekanntschaft gemacht und geheiert.« Mein Philipp hab ich auch in der Fabrik kennegelernt, mir sinn zusamme auf die Kerb gegange – ich hat's schönste Kerbkleid ... unn danach hawwe mer geheiert. Schön wars mit ihm.

Aber dann kame die Nazis und hawwe alles kaputt gemacht. Der Oppenheimer hat die Fabrik dann zumache müsse, es gab keinen Tabak mehr – weil er Jude war.

Belegschaft der Zigarrenfabrik Oppenheimer in den 20er-Jahren – v. R. l. (stehend): Moritz Oppenheimer

Und dann sind sie fortgegange, die ganze Familie, die Kinner sind ins Ausland geschickt worde – und der Krieg ist ausgebroche, und mein Philipp musst in den Krieg und ist gefalle.

Und der Oppenheimer ist nach Auschwitz gekomme, mit seiner Frau, und ist umgebracht worde.

Das ist die letzte Zigarre, die ich gedreht hab, ich hab sie mitgenommen, zur Erinnerung. Ich würd sie gern rauche, damit ich weiß, wie so was schmeckt.

Aber dann hab ich keine Erinnerung mehr.

Ouellen/Literaturhinweise

Martina Schmitt interviewte im Sommer 2005 Hilde Katzenmeier und die ehemalige Zigarrendreherin, die hier nicht namentlich genannt werden möchte. Wir haben ihr den Namen Gretchen gegeben.

Born-Hauenstein, Ottilie/Katzenmeier, Hilde/Knodt, Rudhardt/Kunz, Stefan: Die Geschichte der Juden in Fränkisch-Crumbach, Fränkisch-Crumbach 1994 (erweiterte Neuauflage 2007)

David, Ruth: Ein Kind unserer Zeit. Erinnerungen eines jüdischen Mädchens an Deutschland und an das Exil, Wiesbaden 2005

Ingeborg Seitz

von Hildegard Bassler

Wenn wir uns mit der Rolle der Frau in den verschiedensten Perioden der Vergangenheit beschäftigen, dann darf die jüngste Vergangenheit nicht fehlen. Gerade nach dem Zweiten Weltkrieg haben sich die Frauen nicht mehr in die Rolle des Heimchens am Herd zurückdrängen lassen. Freilich: Klare Ziele, Mut und Einsatzwille, Selbstbehauptung und eine gewisse Art von Unempfindlichkeit gehörten dazu, um sich mit den neuen Zeiten auseinanderzusetzen und unserer Gesellschaft weibliche Impulse zu geben. Eine solche Frau möchte ich Ihnen vorstellen: Ingeborg Seitz.

Als ich sie in den späten 70er-Jahren kennenlernte, hatte sie den steilen Aufstieg schon geschafft. Seit 1970 war sie CDU-Abgeordnete im Hessischen Landtag. Bis dahin hatte die 1924 geborene Magdeburgerin infolge von Krieg und Nachkriegszeiten einen bewegten Lebenslauf hinter sich.

Zunächst sah alles ganz klar aus. Die einzige Tochter aus gutbürgerlichem Haus besuchte das Gymnasium in Magdeburg. Aber schon das Abitur legte sie in Hinterpommern ab, wohin ihr Vater versetzt worden war. Das Philologiestudium in Jena musste wegen ihres Kriegseinsatzes unterbrochen werden.

Und nach dem Zusammenbruch kam der Rückmarsch, der Hunger und schließlich die Flucht aus der sowjetischen Besatzungszone in den Westen. An eine Fortsetzung des Studiums war zunächst nicht zu denken. So ging sie in die ländliche Hauswirtschaft und wurde Hauswirtschaftsleiterin. Doch nie verlor sie ihr Ziel aus den Augen.

Sobald es möglich war, studierte sie Pädagogik und bekam 1953 die erste Stelle als Lehrerin der ländlichen Hauswirtschaftskunde in Alsfeld.

Weitere berufliche Stationen waren verschiedene hessische Landwirtschaftsämter, bei denen sie als Lehr- und Beratungskraft tätig war. Sesshaft wurde sie dann in Reichelsheim, wo sie – inzwischen als Oberstudienrätin – an der Landwirtschaftsschule Leiterin der Abteilung Hauswirtschaft war. Obwohl auch kleine Dörfer in den 50er- und 60er-Jahren nicht mehr von der Außenwelt abgeschnitten waren und sich die Bewohner und Bewohnerinnen schon weitgehend den Lebensstandard der Städter angeeignet hatten, fehlte auf dem Land doch ein ausreichendes Bildungsangebot.

Ingeborg Seitz

Ingeborg Seitz riet den Jugendlichen immer zu einer ordentlichen Lehre, damit sie sich eine gesicherte Zukunft aufbauen konnten. Jedes Mädchen sollte – auch wenn die Familie meinte: »Sie heiratet ja doch bald« – einen qualifizierten Beruf erlernen. Junge Frauen, die damals nach der Heirat für einige Zeit »von der Bildfläche verschwanden«, um nur für die Familie da zu sein, ermunterte sie, dem Landfrauen- oder Hausfrauenverein beizutreten; denn dort wurden umfangreiche Informations- und Weiterbildungsmöglichkeiten angeboten und allgemein politisch bildende Themen diskutiert. Diese Landfrauenarbeit auf Orts-, Bezirks- und Landesebene war die Abrundung der Berufsarbeit von Ingeborg Seitz und bewegte sich im sogenannt »vor«-politischen Raum.

In Bezug auf ihr Wirken in diesen Jahren kommentierte sie sich einmal wie folgt: »Politisch waren wir die ›Ohne-mich-Generation‹.« Damit meinte sie, dass die Auswirkungen der Nazi-Zeit und des Krieges sie von parteipolitischer Arbeit fernhielt. Erst Ende der 60er-Jahre, im Zeichen der Studentenunruhen, habe ihr »der Rückzug einer ganzen Generation aus dem politischen Leben« zu denken gegeben und sie begann damit, sich politisch aktiv zu betätigen. 1968 trat sie der CDU Odenwaldkreis bei. Ein Schritt, der zu dieser Zeit für eine Frau Mut erforderte. Noch im selben Jahr wurde sie als eine der ersten Frauen in den Kreistag gewählt. Sie wurde schnell zur bestimmenden Figur für ihre Fraktion. Ihr Fleiß und ihr Engagement waren mitentscheidend dafür, dass die CDU im Odenwald in den folgenden Jahren weit nach vorn kam. Dass sich hinter der rauen Schale ein gutes Herz befand, haben Freunde und politische Gegner häufig erst spät entdeckt.

Bis 1992 gehörte sie dem Kreistag an. Als Fraktionsvorsitzende von 1972 bis 1982, seit 1980 war sie auch stellvertretende Kreistagsvorsitzende. Naturgemäß war sie Mitglied des Schul- und Kulturausschusses, den sie von 1977 bis 1981 leitete. Sie setzte sich vehement für die schulische Entwicklung des Odenwaldkreises ein. Und immer blieb sie durch ihre Mitarbeit im Ausschuss für Landwirtschaft und Umwelt ihren Wurzeln treu. In diese Zeit fiel im Jahr 1971 die Gründung des Vereins Lebenshilfe im Odenwald, der als erste Einrichtung in Hessen 1972 einen integrierten Kindergarten ins Leben rief, dem die erste Schule für praktisch Bildbare im Odenwaldkreis folgte. Zur weiteren Entwicklung, hin zu den Behindertenwerkstätten, war der Weg eingeschlagen. Von Anfang an unterstützte Ingeborg Seitz die Bestrebungen, den Benachteiligten der Gesellschaft Hilfe zu gewähren und sie, im Rahmen ihrer Möglichkeiten, lebenstüchtig zu machen. Ihr soziales Engagement kam besonders bei dem CDU-Antrag zur Gründung eines Frauenhauses im Odenwaldkreis im Jahre 1989 zum Ausdruck. Doch er wurde im Kreistag zunächst abgeschmettert.

Ohne ihr ehrenamtliches Engagement zu vernachlässigen, war Ingeborg Seitz 1970 bereits eine Polit-Profi-Frau geworden. Sie zog als eine von nur neun Frauen in den Hessischen Landtag ein, nachdem sie sich in der Kampfabstimmung um die Nominierung mit nur einer einzigen Stimme Vorsprung durchgesetzt hatte. 17 Jahre war sie eine engagierte Landtagsabgeordnete. Sie war in all den Jahren Mitglied im Landwirtschaftsausschuss und im Petitionsausschuss, aber sie brachte auch Zeit für den kulturpolitischen Arbeitskreis auf. Den Vorsitz des Petitionsausschusses bekleidete sie neun Jahre. Hier bewies sie viel menschliches Einfühlungsvermögen, denn dorthin wenden sich Bürgerinnen und Bürger mit ihren Sorgen und Nöten, wenn sie sonst nicht mehr weiterkommen. Immer beobachtete sie die Gesetzgebung in Verbraucherfragen kritisch und brachte ihren Sachverstand ein. Dem Vorstand der Verbraucher-Zentrale Hessen gehörte sie vom Ende der Siebziger Jahre bis Anfang der Neunziger an. Davon war sie sechs Jahre Schatzmeisterin.

Im Rahmen meiner Nachforschungen zu Ingeborg Seitz habe ich viele Menschen gefragt: »Was wissen Sie über Frau Seitz?« Und viele haben geantwortet: »Ach, die hat doch, wenn etwas unlogisch war, immer gesagt: ›Das ist doch Kiki!‹« Sie war eine stabile, große, selbstbewusste und bodenständige Frau, die einen Gang hatte, der aussagte: Da bin ich! Besonders hervorzuheben ist ihre überparteiliche Wirkungsweise. Sie hat sich nicht mit Scheuklappen nur für ihre Partei eingesetzt.

Frauen voranzubringen war ihr ein Herzensanliegen. Deshalb brachte sie viel Zeit, Initiative und Arbeit für die Frauen-Union auf.

Hildegard Bassler, Ima Krüger und Martina Schmitt bei den Werktatt-Tagen (v. l.)

Von 1972 bis 1992 war sie im Landesvorstand Hessen. Zehn Jahre davon als Landesvorsitzende. Damit war sie auch im Bundesvorstand vertreten. Mit dem Ehrenvorsitz wurden ihre besonderen Verdienste anerkannt.

»Mit beiden Beinen fest im Leben stehend, angereichert durch sächsische Behändigkeit und immer ein Quäntchen mehr Einsatz«, so wurde sie von der Bundesvorsitzenden Rita Süßmuth »als Politikerin, die kein Laufbahndenken kenne«, geehrt.

Für ihre Leistungen erhielt sie 1978 das Bundesverdienstkreuz am Bande der Bundesrepublik Deutschland, 1981 die Ehrenplakette des Odenwaldkreises in Bronze, 1984 das Bundesverdienstkreuz Erster Klasse und 1987 als erste und bisher einzige Frau die Goldene Ehrenplakette des Odenwaldkreises.[2]

Quellen/Literaturhinweise

Hildegard Bassler interviewte Ingeborg Seitz im Sommer 2005.

Odenwälder Echo, Politik im Dienst des ländlichen Raums, 17.5.2004: Artikel zum 80. Geburtstag von Ingeborg Seitz

Landrat Horst Schnur: Ehrungsrede anlässlich der Verleihung des Bundesverdienstkreuzes an Ingeborg Seitz, Erbach 1984 (unveröffentl. Redemanuskript)

2 Ingeborg Seitz verstarb im Oktober 2006.

20 Jahre Arbeitsgemeinschaft Odenwälder Frauen (AOF)

von Anneliese Guttzeit-Gläser

»Es war einmal« – so fangen viele Geschichten an – und so auch diese. Also – es waren einmal, Anfang 1986, zwei Frauen, die von einer politischen Versammlung im Brauhaus in Erbach kamen. Sie sahen sich in den dort geführten großen Reden und Ausführungen überhaupt nicht vertreten und zu Wort waren sie auch nicht gekommen, »man« hatte sie geflissentlich übersehen. Nun diskutierten sie recht frustriert ganz lange in der Winterkälte auf der Jahnstraße in Erbach, wie diese Situation der Frauen in ihrer Region wohl zu verändern sei. Eine neue Partei zu gründen, war nicht das Richtige, zumal gerade »Die Grünen« entstanden waren. Aber irgendetwas wollten sie auf jeden Fall tun.

Antje und Anneliese beschlossen, nach vielem Für und Wider, zunächst die Sache in ihrem Bekanntenkreis anzugehen. Wie wäre es denn, wenn wir zunächst einmal eine »Arbeitsgruppe Gleichstellung« ins Leben riefen? Denn die Gleichstellung von Mann und Frau war doch ihr und das Thema der Zeit. Und so geschah es auch. Sie fanden Gleichgesinnte: Annette, Helga, Jutta, Kerstin und, und, und ... Da der Internationale Frauentag anstand, lud die »AG Gleichstellung« hierfür zum großen Odenwälder Frauen-Ratschlag ein. Und zwar alle bekannten Frauenverbände, Gruppen, Partei-Frauen und auch einzelne Frauen.

Sie hatten ganz weiche Knie. Würden sie kommen? Wenigstens ein paar von ihnen?

Und sie kamen! Dreißig Frauen aus allen Gruppierungen! Und sie waren mit Begeisterung dabei. Bereits bei der ersten Zusammenkunft wurde beschlossen, sich monatlich einmal zu treffen, um Wege zu einer weiteren Zusammenarbeit zu finden. Die »AG

Gleichstellung« war zwischenzeitlich auch gewachsen und alle waren mit Begeisterung dabei.

Die nächste Zusammenkunft war bereits am 21. April mit den Themenschwerpunkten:

1. Information über kommunale Gleichstellungsstellen (Frauenbeauftragte) und den konkreten Stand im Odenwaldkreis mit anschließendem Gespräch,

2. Zielsetzung und Struktur eines evtl. zu gründenden Odenwälder Frauen-Rates.

Frau Seitz hatte von dem Vorhaben gehört und brachte die Satzung des Landesfrauenrates Hessen vorbei. Sie wurde die Grundlage für die Satzung der Arbeitsgemeinschaft Odenwälder Frauen, abgekürzt AOF, die dann am 1. August 1986 gegründet wurde. Im Vorstand waren fünf gleichberechtigte Frauen: Antje Wiese und Marie Fornoff, Andrea Dautenmeier war zuständig für Pressearbeit, Hilde Katzenmeier führte die Kasse und Elfriede Holschuh wurde zur Schriftführerin gewählt.

Anneliese Guttzeit-Gläser (stehend) beim Vortrag in Michelstadt

Unsere Arbeitsgemeinschaft wurde gegründet, um die Meinung der Frauen wirkungsvoller zur Geltung zu bringen. Sie setzt sich unter Berücksichtigung der Eigenständigkeit und Verschiedenartigkeit aller Mitgliedsverbände und -gruppen für die Verbesserung der Situation der Frauen in Familie, Beruf und Gesellschaft und für die Verwirklichung des in Artikel 3 des Grundgesetzes verankerten Gleichheits- und Gleichberechtigungsgebotes ein.

In der Satzung heißt es: Die AOF vertritt die Interessen der Frauen gegenüber politischen Gremien, Verwaltungen sowie gesellschaftlich relevanten Gruppen. Dabei sucht sie engen Kontakt mit Politikerinnen und Politikern. Die Arbeitsgemeinschaft Odenwälder Frauen fördert den Informationsaustausch und die Zusammenarbeit mit den einzelnen Mitgliedsverbänden und -gruppen. Frauenverbände und -gruppen nehmen wichtige soziale und gesellschaftspolitische Aufgaben in unserem Kreis wahr.

Der Landfrauen-Bezirksverein Reichelsheim war zunächst nicht Mitglied geworden. Aber ein paar tüchtige Frauen aus dieser Gruppierung standen tatkräftig zu unserer Arbeitsgemeinschaft: Lina Keil, Monika Pfeiffer und Inge Weidmann. Lina sei besonders gedankt für ihren Einsatz bei der Ausarbeitung der Satzung, beim Verschicken von Einladungen und für ihre unermüdliche Pressearbeit. Die Arbeitsgemeinschaft Odenwälder Frauen war sehr fleißig. Es wurde beschlossen, ca. sechs Veranstaltungen jährlich abzuhalten.

Die nachfolgend aufgeführten Verbände und Gruppen gehören heute der Arbeitsgemeinschaft Odenwälder Frauen an: AG Gleichstellung, Arbeitsgemeinschaft sozialdemokratischer Frauen, Bezirkslandfrauenverein Michelstadt, Landfrauenverein Grund, Deutscher Hausfrauen-Bund Ortsverband Odenwald e.V., Evangelische Frauenhilfe Dekanat Erbach, Frauenhaus-Verein, Frauen-Union (CDU), Frauen für den Frieden, Grüne Frauen, Odenwälder Erzähl- und Spielgemeinschaft Hollerbusch, Mary Anne Kübel Stiftung (Reichelsheim), Servicebörse Odenwald e.V. und Einzel-Mitgliedsfrauen.

Die Frauen wollten sich natürlich in der Anfangszeit näher kennenlernen und so stand zunächst immer die Vorstellung der Mitgliedsorganisationen auf der Tagesordnung. Der erste Verein, der den Odenwälder Frauen im Oktober 1986 vorgestellt wurde, war, genau ein Jahr nach seiner Gründung, der Verein für ein Odenwälder Frauenhaus.

Die Aufgaben der AOF waren vielfältig: Eine hauptamtliche Frauenbeauftragte zu erhalten, stand an einer der vorderen Stellen. Frau Ritzefeld-Krämer und Frau Homberg vom Hess. Ministerium für Frauen kamen mehrfach als Referentinnen in den Odenwald. Nach der Wiedervereinigung Deutschlands knüpfte die AOF eine bis heute haltende Verbindung mit den Weißenfelser Frauen. Von Anfang an kümmerte sich die Arbeitsgemeinschaft um die Kindergartensituation in den Gemeinden, verfasste eine Resolution zur Pflegeversicherung, erkämpfte eine Frauenkommission anstelle des Frauenausschusses, arbeitete den Frauenförderplan des Odenwaldkreises durch, ging die öffentliche Nahverkehrssituation an, gemeinsam mit dem damaligen Landrat Nothard und Herrn Krämer (OREG), lud immer wieder Politikerinnen ein, nicht nur vor Wahlen, um auf die anstehenden Probleme hinzuweisen. Das Frauenhaus stand fast immer auf der Tagesordnung. Viele Themen sind bis heute aktuell.

1986 beschloss der Odenwälder Kreistag auf Druck der Frauen, das Amt der Kreisfrauenbeauftragten zu etablieren, leider nur als ehrenamtliche Stelle. Erst 1993 gelang es endlich, wenigstens eine halbe Frauenbeauftragtenstelle im Odenwaldkreis durchzusetzen. Nicht alle waren über diese Regelung und vor allem über die »Odenwälder Mathematik« glücklich. Die »Odenwälder Mathematik« geht so : $^1/_2 + ^1/_2 = ^1/_2$. Die halbe Stelle war nur für die Aufgaben innerhalb des Landratsamtes gedacht. Wir hatten aber für eine externe Frauenbeaufttragte gekämpft, die sich um die Belange aller Odenwälderinnen kümmert. Auf wiederholtes Nachfragen wurde uns gesagt, wir hätten doch eine halbe Stelle. So kam ich darauf zu sagen: Das ist spezielle Odenwälder Mathematik. Nichtsdestotrotz arbeitete die AOF von Beginn an sehr erfolgreich mit der Frauenbeauftragten zusammen.

Die Arbeitsgemeinschaft Odenwälder Frauen hat sich seit ihrem Bestehen immer eingemischt. So war sie im Beirat der BAW, Mitglied in der IGO und selbst bei dem heute bestehenden GEO-PARK hat sie ihre Stimme erhoben. Sie hat in einer Veranstaltung auf die BSE-Gefahr hingewiesen, sich für die Verbesserung der Schwangerenberatung und für Migrantinnen eingesetzt, immer wieder das Thema Gewalt gegen Frauen hervorgehoben.

Zum 10-jährigen Bestehen, 1996, war wieder Frau Ritzefeld vom Landesministerium für Frauenfragen eingeladen, die über Elisabeth Selbert referierte, dazu gab es eine Ausstellung. Der Titel des 10-jährigen Jubiläums lautete: 100 Jahre Elisabeth Selbert, 50 Jahre Hessen, 10 Jahre AOF. Und es gab viele weitere Ausstellungen und viele interessante Referentinnen, Professorinnen aus Hessen und Berlin, kamen zu uns in den Odenwald. Auch kulturell war die Arbeitsgemeinschaft nicht untätig, sie beteiligte sich mit literarischen Themen am Südhessischen Kultursommer – KUSS.

Es ist nicht festzustellen, welche der Arbeiten und Veranstaltungen die wichtigsten waren. Es ist nur eine Frage zu stellen: Was wäre unser Odenwaldkreis ohne die AOF? Die Arbeitsgemeinschaft hat in den nahezu zwanzig Jahren ihres Bestehens viel bewegt. Hoffen wir, dass sie das noch lange tun wird.[3]

---

3 Die AOF hat sich im Februar 2010 aufgelöst. Auch wenn die Verbesserung der Lebensbedingungen von Frauen im Odenwald immer noch politischer Aktivität bedarf, hat sich die Zahl der aktiven Frauen so verringert, dass diese Organisationform nicht mehr angemessen erscheint.

Quelle

Aus den Erinnerungen von Anneliese Guttzeit-Gläser, die über viele Jahre die AOF als 1. Vorsitzende leitete und einen reichhaltigen Schatz an verschriftlichten Materialien über die AOF hat.

Im Zug der Zeit – Odenwälderinnen in Bewegung

Einleitung

Schon von Anbeginn des Menschen war sicherlich die Fortbewegung eins der zentralen Themen der Lebensbewältigung. Die Sphinx stellte jedem das Rätsel:
Es ist am Morgen vierfüßig, am Mittag zweifüßig, am Abend dreifüßig!

Und wer es nicht zu lösen wusste, war dem Tode, also auch der Bewegungslosigkeit geweiht. Ödipus löste der Überlieferung nach das Rätsel so:

Du meinst den Menschen,
der am Morgen seines Lebens, solange er ein Kind ist,
auf zwei Füßen und zwei Händen kriecht.
Ist er stark geworden, geht er am Mittag seines Lebens auf zwei Füßen,
am Lebensabend, als Greis, bedarf er der Stütze
und nimmt den Stab als dritten Fuß zur Hilfe.

Und eine beliebte Frage an die Geschichte ist auch: Wer hat das Rad wann erfunden? Aber wir wollen uns nicht mit dieser Art Mysterien der Menschheitsgeschichte beschäftigen. Das Thema Fortbewegung wollen wir unter viel alltagsbezogeneren Gesichtspunkten beleuchten.

Mit den vielfältigen Ergebnissen der zweiten Odenwälder Frauengeschichtswerkstatt, die 2005 stattfand, geben wir Antworten auf die Fragen nach den Fortbewegungsarten der Frauen im Allgemeinen und denen der Odenwälderinnen im Besonderen: zu Fuß, mit einem Korb auf dem Kopf oder mit dem Handkarren von Ort zu Ort, mit Kühen und Pferden auf dem Feld arbeitend, mit dem Fahrrad oder der »Damenmühle« und dann mit dem »Odenwälder Lieschen« hinaus in die große, weite Welt. Fragen, die uns bewegten waren: Wie waren Frauen im Odenwald »unterwegs«? Wie haben die neuen Erfindungen des Fahrrades oder des Motors den Alltag von Frauen beeinflusst? Wie mobil waren und sind die Frauen?

Die vielfältigen Geschichten führen vom 19. Jahrhundert bis in unsere heutige Zeit. Sie geben einen kleinen Einblick in den oft mühseligen, aber manchmal auch amüsanten Alltag der Odenwälderinnen.

Beim Auftritt in Fränkisch-Crumbach

Bei der Werkstatt wirkten mit:
Martina Emmerich, Anja Hering, Martina Schmitt, Ursula Reuter, Johanna Schaller, Ima Krüger, Lina Keil und Barbara Linnenbrügger (im Foto v. l.)

Die Teilnehmerinnen stellen sich vor

Ein wichtiger Teil der Frauengeschichtswerkstatt ist, dass die Teilnehmerinnen sich einen unmittelbaren eigenen Bezug zum Thema erarbeiten, der auch mehr oder weniger ausgeprägt in dem Präsentationskonzept Berücksichtigung findet. Für das Thema »Odenwälderinnen in Bewegung« führten wir eine Auseinandersetzung mit unseren eigenen »Bewegungsbiografien«. So entstanden die Kurztexte, mit denen sich hier die Teilnehmerinnen vorstellen. In der Bühnenpräsentation traten sie mit den entsprechenden Attributen wie Motorradhelm, Springseil usw. auf.

Martina Emmerich (mit einem Motorradhelm)
In meinem noch relativ jungen Leben gab es schon viele verschiedene Fortbewegungsmittel, mit denen ich unterwegs war. Angefangen hat es mit dem Kinderwagen, über das Fahrrad, den Gokart und das Wohnmobil bis hin zum Segelboot und Auto. Für mich von großer Bedeutung war meine »80er«. Ich hatte meinen 1b-Führerschein sowie die »Enduro« von meinem eigenen Geld bezahlt, das ich mir in den Ferien verdient hatte. Der Wunsch, »Enduro« zu fahren, war unter anderem dadurch geweckt worden, dass ich ab und zu mit meinen Cousins eine Runde fahren durfte, die alle selbst Motorradfans waren. Mein »kleines Motorrad« war für mich ein Stück Freiheit, denn damit konnte ich fahren, wohin ich wollte. Ich brauchte nicht mehr Mama oder Papa zu fragen, ob sie mich zu einem Treffen mit Freunden fahren oder mich von der Disco abholen. Damit nahm ich dann auch meine ersten Auswärtstermine als freie Mitarbeiterin bei der Zeitung war.

Martina auf ihrer »80er-Enduro«

Heute bin ich viel und gerne mit meinem Auto unterwegs. Da passt alles rein, was ich für meinen Alltag so um mich herum brauche: meinen Hund Leika, meine Kamera, Block und Bleistift, Kleidung, gute Musik – und schon kann es losgehen! Wenn ich dann mal abschalten will und Ruhe brauche, geht die Fahrt ans Meer. Dort hilft der Spaziergang am Strand, die Seele baumeln und den temporeichen Alltag hinter mir zu lassen.

Anja Hering (mit einem Holzroller)

Das ist mein Roller! Mein erster Roller, den ich Ostern 1960 geschenkt bekam. Damals hab ich mich riesig gefreut und war ganz stolz, da ich die Erste unter uns Kindern war, die einen Holzroller besaß. Gern trennte ich mich am ersten Tag nicht von ihm, aber leider musste ich dies tun. Ein Cousin kam nachmittags mit seinen Eltern zu Besuch. Er war fast ein Jahr jünger und wollte auch mit meinem neuen Roller fahren. Eigentlich wollte ich ihn nicht hergeben. Er war so schön neu, aber ich musste es wohl. Na ja, als nun »erfahrene Rollerfahrerin« konnte ich ihm das Rollerfahren beibringen und mein vielgeliebter Roller blieb heil. Später fuhr sogar mein Sohn noch mit ihm, aber mit viel weniger Begeisterung! Ich hab ihn heute vom Speicher geholt und bringe ihn wieder dorthin zurück, seine Zeit ist vorbei! Heute liebe ich es, mit einem schönen alten ausgebauten, von vielen »Abenteuerurlauben« gezeichneten VW-Bus in den Ferien unterwegs zu sein, mit ihm schöne Gegenden zu entdecken, stehen zu bleiben und zu wohnen, wo ich will, ohne Fernsehen, ohne feste Zeiten, ohne Stress, ohne Hektik, einfach da zu sein, das Fremde und Vertraute zu riechen, zu fühlen, zu schmecken – einfach zu leben!

Anja (l.) mit ihrem Holzroller

Lina Keil (mit einem Holzgäulchen)

Ich bin drei Jahre alt im Kriegsjahr 1942. Familienglück daheim auf Hof Sange in Michelbach beschert Papas Urlaub von der Front. Verwandtenbesuch mit dem Spazierwagen: Dieses kleine Kindheitsglück lebt in mir fort – im Gedenken an meinen vermissten Vater und an Mutter, die uns damals fotografierte.

Lina (l.) im Spazierwagen der Eltern

Frei in Gottes Schöpfung bewegen mich meine Füße. Das Tempo im Einklang von Leib und Seele ist meiner Auffassungsgabe angepasst. Das schnelle Auto benötige ich für Geschäftswege und Besuche kultureller Art. Besonders schätze ich es zur Pflege persönlicher Kontakte im abgelegenen Ober-Ostern.

Ima Krüger (mit einem rosa BARBIE-Jeep)

Ein Jeep war das erste Auto, in dem ich gefahren bin, im Sommer 1945. Wir Kinder kamen vom Baden und wurden von einem schrecklichen Unwetter überrascht. Tropfnass und durchfroren trotteten wir an einem englischen Zeltlager vorbei. Ein paar Soldaten entdeckten uns, holten uns in ihre Zelte, trockneten uns die nassen Haare ab, gaben uns trockene Socken und heißen, süßen Tee mit Milch. Und dann fuhren sie uns in ihrem Jeep nach Hause. Die Vorliebe für so martialische Fahrzeuge wie Jeeps ist mir im Laufe der Zeit geblieben.

Ima im Jeep

Traktor fahren, das war für mich ganz großartig. Lange Zeit fuhr ich einen Lada. Das war wenigsten annähernd so etwas wie ein Jeep. Heute liebe ich es eher bequem. Ein bequemes Auto mit Vierradantrieb und Automatik, das soll's schon sein! Aber trotzdem: Wandern auf den eigenen Füßen, das tue ich immer noch besonders gern.

Barbara im Bauch ihrer Mutter

Barbara Linnenbrügger (mit einem roten Luftballon)
Ich finde es wunderbar, dass ich ein Bild von meiner mit mir schwangeren Mutter habe. Sie trug mich schon vor meiner Geburt in ihrem Bauch durch diese Welt. Mein Vater fotografierte sie im Frühling 1951 mit meiner Schwester zusammen. Mitte Mai hat meine Mutter mich dann auf die Welt gebracht. Heute ist mein Traum vom Unterwegs-Sein die Ballonfahrt. Mit dem Wind als Antrieb, die Kraft des Feuers über mir, über der Welt dahinschweben …

Ursula Reuter (mit einem Paar abgelaufener Schuhe)
Wenn ich groß bin, kaufe ich mir ein eigenes Rad … und neue Schuhe. Mein Cousin war mächtig stolz auf sein neues Rad und mein einer Schuh hatte ein großes Loch in der Sohle. Auf Verwandtenbesuch im goldenen Westen, gab es für mich keine bezahlbaren Schuhe! Das erste eigene Fahrrad bekam ich dann schon vier Jahre später zu meinem achten Geburtstag von den Eltern geschenkt.

Ursula mit dem Rad ihres Cousins

Ich liebe es, die wunderschöne Landschaft um Fränkisch-Crumbach und im ganzen Gersprenztal zu erwandern. Nach jeder Wanderung fühle ich mich wie neu geboren. Und dann kann kommen, was will, es geht mir einfach gut!

Johanna Schaller (mit einer Fahrradklingel)

Mein erstes Fahrrad, spontan von meinem Vater noch in den ersten Kriegsjahren aus den letzten Beständen für mich gekauft. Es war wohl weise Voraussicht, dass er diese Anschaffung machte, denn in den letzten Kriegs- und Hungerjahren konnte ich damit für meine Schwester und meine Mutter hamstern fahren. Heute bin ich natürlich mit dem Auto da. Womit ich aber gar nicht mehr gerne fahre. Viel lieber würde ich die Welt laufend erleben, aber die Beine wollen nicht mehr so mittun. Mit diesem Zustand muss ich mich im Augenblick auseinandersetzen.

Johanna mit Rad und Hund

Martina Schmitt (mit einem Springseil)

Ich war ein wildes Mädchen, schon immer in Bewegung. Am liebsten bin ich gesprungen und gehüpft. Dann war ich leicht und beschwingt – ich hab mich einfach wohl gefühlt. Heute wandere ich gerne, beim Laufen spüre ich mich und meinen Körper, erlebe mich in der Gegenwart. Mein Lebensmotto ist: Wer rastet, der rostet! Ich möchte auf Wanderschaft sein und die Welt entdecken.

Martina unterwegs im Wald

Unterwegs mit der Butter-Christine aus Hammelbach

von Johanna Schaller

Ja, wie war das damals, so um 1870 herum, wenn Frauen mal ihr Dorf verlassen wollten oder mussten, um dringende Geschäfte zu erledigen oder alte, kranke Verwandte zu besuchen? Die Frauen mussten auf »Schusters Rappen« durchs Land reisen. Wenn sie Glück hatten, nahm sie ein Fuhrwerk mit. Wenn sie Geld hatten, konnten sie mit der Postkutsche oder dem eigenen Spazierwagen fahren. Einige von ihnen waren als Markt- und Handelsfrauen unterwegs. Unter der Woche kauften sie bei den Bauern der Umgebung Eier, Butter, Käse und Schlachtgeflügel auf. Sie machten es zu Hause verkaufsfertig, um es auf den umliegenden Märkten anzubieten. Sie waren meist mit einem Handkarren unterwegs, über steinige ausgetretene Wege, die oftmals auch schlammig waren. Meist ein mühevolles Unterfangen.

Heute noch sind in Hammelbach die »Butter-Christine« und ihre Tochter, die »Butter-Elis« bekannt, die als Handelsfrauen bis auf die Märkte nach Mannheim zogen. Früh um 4 Uhr ging es schon los, zu Fuß bis Fürth und von dort aus mit der Eisenbahn über Weinheim nach Mannheim. Dort hatten sie immer den gleichen Marktstand und eine einfache Unterkunft. Am folgenden Tag ging es dann zurück. Die »Butter-Christine« war um die Jahrhundertwende vor allem in Ober-Ostern auf den Höfen unterwegs. Später führte ihre Tochter Elisabeth zusammen mit ihrem Mann, dem »Butter-Karl«, das Handelsgeschäft weiter.

In den 30er-Jahren des vorigen Jahrhunderts hatten die Butter-Elis und ihr Mann dann schon ein eigenes Auto, was ihre Arbeit wesentlich erleichterte.

Auf den kleinen Almen im Odenwald reichte der Ertrag des Hofes oft nicht, um den Lebensunterhalt der Familie zu sichern. Dann verdingten sich die Frauen auf dem einen oder anderen Hof in der Nachbarschaft als Tagelöhnerinnen. Sie arbeiteten im Haushalt, im Garten oder auf dem Feld, um noch etwas zum Familieneinkommen beizutragen. Und wieder mussten die Wege zu Fuß zurückgelegt werden, denn etwas anderes gab es hier ja nicht. Kein leichtes Leben in dieser ach so guten alten Zeit.

Werkstatt-Tage, v. l.: Martina Schmitt, Lina Keil, Johanna Schaller, Ursula Reuter

Quelle/Literaturhinweis

Johanna Schaller führte das Interview mit der Familie Keil, Reichelsheim/Ober Ostern, im August 2006. Johanna Schaller starb 2009.

Dascher, Georg/Kalberlah, Wolfgang: 100 Jahre Eisenbahn im Gersprenztal 1887-1987, Reichelsheim 1986

Käte Paulus und die Freiheit über den Wolken

von Barbara Linnenbrügger

Die Schwerkraft überwinden ...
alle Probleme hinter sich lassen ...
einfach davonfliegen ...
... über den Wolken muss die Freiheit wirklich grenzenlos sein!

Wilhelmine Siegmundine Reichard steigt 1811 erstmalig mit einem Heißluftballon auf. Sie beschreibt ihre herzergreifenden Gefühle in einem Gedicht:

Wohlan, aus deinem grünen Kranz von Bäumen
erhebe dich, mein leichtbeschwingter Kahn.
Hinauf ins Reich, das keine Grenzen säumen,
die Erd entflieht, durch Wolken geht die Bahn,

Ein glänzend Meer in ungemess'nen Räumen
ist vor dem trunk'nen Auge aufgethan.
Sonst nur befahren von der Sehnsucht Träumen
trägt es mich selbst, die Schwache, himmelan.[1]

So eine nur vermeintlich schwache, sondern eigentlich sehr kühne Aeronautin hat unsere Region auch hervorgebracht: Käte Paulus. Anno 1868 in Zellhausen bei Offenbach geboren, widmete sie ihr Leben der Luft: Ballonfahren war ihre ganze Leidenschaft, aber sie war auch Luftradlerin und Deutschlands erste Fallschirmspringerin. Im April 1899 liest sich das in den »Illustrierten Aeronautischen Mitteilungen«, die in Straßburg erschienen, wie folgt:

1 Pfister, Gertrud: Fliegen – ihr Leben. Die ersten Pilotinnen, Berlin 1989, S. 17

»Die durch ihre Kühnheit im Fallschirm-Absturz weit bekannte Luftschifferin hält es für angebracht, mit der Zeit zu gehen und die Zeit verlangt es heute, dass diese fesche, schneidige Aeronautin luftradelt. Das Vehikel von Fräulein Paulus besteht aus einem langen eiförmigen Ballon, überspannt mit einem Netz, welches dicht unterhalb der Ballonhülle nach einer zugleich als Längsversteifung dienenden Stange hinläuft. An Letzterer befindet sich ein leichter Rahmen, welcher den Sitz der Luftschifferin, genau gleichend denen der Zweiräder, und die Propeller mit deren Übertragungen nach den Tretkurbeln trägt. Unsere Luftradlerin fliegt fast ausschließlich in West- und Süddeutschland, wo sie wohlbekannt ist, und Tausende haben sie dort angeschaut und werden es bestätigen, dass sie den Luftradelsport mit viel Grazie ausübt, wozu ihre anmutige Erscheinung nicht wenig beiträgt.« Zehn Jahre zuvor, Käte Paulus war gut zwanzig Jahre alt, erlebte sie den Luftschiffer Herrmann Lattemann bei einem seiner Fallschirmabsprünge. Sie berichtet: »Ich war ein Mädchen meiner Zeit. Nicht einmal Schlittschuhlaufen konnte ich, denn meine Mutter hielt das für ein junges Mädchen für unnötig und gefährlich. Nie hatte ich mich um Luftschifffahrt und Luftschiffer gekümmert. Aber dieser Mann hatte mir großen Eindruck mit seinem Mut gemacht ...

Lattemann merkte, wie mich das alles interessierte. Wir kamen

Käte Paulus als Luftradlerin

ins Gespräch, und auf einmal fragte er mich, ob ich nicht Lust hätte, einmal mit ihm aufzusteigen. Es durchfuhr mich heiß und ich antwortete ohne Zögern: ›Ja!‹ Und ob ich auch mal abspringen wollte? ›Aber natürlich!‹, antwortete ich, froh, dass er solches Vertrauen in mich setzte.«

Von ihrem ersten Fallschirmabsprung erzählt sie: »Ich ließ mich in 1200 Meter Höhe aus dem Ballon gleiten, das Gefühl in der Luft war eigenartig. Eine kleine Ewigkeit dauerte es, bis zur Öffnung des Schirmes. Dann endlich kamen der ersehnte Ruck und ein großes Glücksgefühl, der Schirm hatte sich geöffnet. Einen kurzen Moment konnte ich mich entspannen und den Blick auf die Landschaft genießen. Doch schon bald begann die Konzentration auf die Landung. Bedrohlich kamen Kirchturmdächer, Fabrikschlote, Hausdächer immer näher. Der Wind trieb mich schließlich auf einen Bahndamm zu, gerade als ein Zug heranbrauste. Der Lokomotivführer machte eine Vollbremsung, die Fahrgäste stürzten an die Fenster und konnten meine glatte Landung kurz hinter den Gleisen bewundern.«[2]

In der Folgezeit gehörten Ballonaufstiege und Fallschirmabsprünge zu Käte Paulus' Alltag, obwohl sie gestand, dass der Entschluss zum Absturz in die Tiefe jedes Mal eine große Überwindung kostete. Aber ihr Motto hieß: Dem Mutigen gehört die Welt. Und sie sprach von der inneren Verbundenheit mit dem wunderschönen Beruf. Käte Paulus trat bei unzähligen Veranstaltungen in ganz Europa auf, in London, Paris, Amsterdam, Nizza, Berlin, Wien. Aber auch von Starts im Odenwald wird erzählt: 1905, beim Erbacher Wiesenmarkt, erhob sich der Ballon allerdings nur bis zur Baumhöhe. In Michelstadt wird 1907 von einem gelungenen Start berichtet. Ihre Verbundenheit mit dem Odenwald bezeugt auch ihr

2 Pfister, Gertrud: Fliegen – ihr Leben. Die ersten Pilotinnen, Berlin 1989, S. 32f.

Name ›Paulus‹, den sie von ihrem Stiefvater erhielt, der gebürtiger Beerfeldener war. Hier trägt eine Straße bis heute ihren Namen.

Sie wurde als erste Fallschirmspringerin in Deutschland die Sensation des anbrechenden Jahrhunderts und überall als Luftheldin oder Primadonna der Lüfte gefeiert.

Ihr Markenzeichen war ihre Kleidung, die in einer Zeit, in der die Damen Kleider oder Röcke anhatten und noch nicht einmal den Knöchel zeigen durften, äußerst gewagt war. Käte trug Pluderhosen, hohe Ledergamaschen oder Stiefel, eine Bluse und eine flache Matrosenmütze. Gewagt waren auch ihre Vorführungen, denn sie versuchte, mit immer neuen Konstruktionen und Wagnissen ihre Zuschauer zu überraschen. Ihre gefährlichste Präsentation war der Doppelabsprung. Dabei sprang sie vom Ballon aus ab, löste sich von ihrem ersten Fallschirm und schwebte mit einem zweiten zu Boden.

Käte Paulus als Fallschirmspringerin

Um eine erfolgreiche Luftschifferin zu sein, bedurfte es nicht nur des Mutes, sondern auch organisatorischen und kaufmännischen Geschicks. Die Reisen mussten organisiert, die Ausrüstung transportiert, Verträge ausgehandelt und Auftritte vorbereitet werden. Käte Paulus hatte ihr Auskommen und sie arbeitete ständig an der technischen Weiterentwicklung ihrer Fluggeräte. Ihre nachhaltigste Erfindung ist das Fallschirmpaket, das noch heute Grundlage jedes Absprungs ist.

Käte Paulus beendete ihre Luft-Karriere nach 516 Ballonfahrten und 145 Fallschirmabsprüngen kurz vor dem Ersten Weltkrieg. Ihre Flugkünste waren in Kriegszeiten nicht gefragt, weil sie eine Frau war. Danach hat sie nie wieder an ihre Erfolge anknüpfen können.

1935 starb sie 67-jährig, fast vergessen, in Berlin. Ihr Grabstein trägt die Inschrift:

»Käte Paulus – Die erste deutsche Fallschirmpilotin«

Und es heißt: »Sie war eine erstaunliche Frau, die überall durch ihren Mut, ihre Kompetenz, aber auch ihr Lächeln auffiel.«

Literaturhinweis

Pfister, Gertrud: Fliegen – ihr Leben. Die ersten Pilotinnen, Berlin 1989

Anna Pfaffs Hebammengeschichten

von Martina Emmerich und Anja Hering

Szenisches Anspiel

(Mitte der 50er-Jahre sitzen eines Nachmittags die 1888 geborene Hebamme Anna Pfaff und ihre Enkelin Hella Fehn zusammen und unterhalten sich über den Hebammenberuf.)

Enkelin: Uff, war das wieder mal eine Mordshektik. Ich musste noch schnell meine Hausaufgaben machen und habe uns was zum Kaffee vom Bäcker Stühlinger geholt. Die Stückchen von dem magst du doch so gern. Lange kann ich heute aber nicht bleiben. Ich muss nachher noch zu meiner Freundin Gertrud, denn wir haben uns zum Spielen mit ihrer neuen Puppe verabredet. Wir wollen die Geburt von Gertruds Geschwisterchen nachspielen.

Großmutter: Dann darfst du sie nicht warten lassen. Schließlich lässt sich das Kinderkriegen nicht auf die Stunde und Minute planen. Wenn ich mich da an meine Zeiten als Hebamme erinnere, da ging es ab und zu ganz schön heiß her. Nach meiner Hebammenausbildung in Mainz 1916 war ich bei der Stadt Reinheim angestellt und hatte mich um die Schwangeren und Wöchnerinnen aus Reinheim, Spachbrücken und Ueberau zu kümmern. Wenn eine meiner Kolleginnen aus den Nachbarorten Groß-Bieberau oder Dieburg krank wurde, musste ich auch ihren Bezirk noch übernehmen. Die Wegstrecken legte ich zunächst zu Fuß zurück. Nur wenn es sehr pressierte und es eine reichere Familie war, kam es vor, dass ich mit einem Karren oder Pferdefuhrwerk oder im Winter mit einem Schlitten abgeholt wurde.

Enkelin: Hattest du noch nicht mal ein Fahrrad?

Großmutter: Doch, aber nur kurzzeitig. Ich musste es mir hart von meinem Verdienst absparen, denn Fahrräder waren damals noch nicht besonders günstig. Ich bekam in meiner Anfangszeit 150 Reichsmark im Jahr als Festgehalt von der Gemeinde, 100 Mark kostete in etwa ein Fahrrad. Daher fuhren im Vergleich zu den Städtern auf dem Land meist nur die Kaufleute, Handwerker oder reiche Bauern mit dem Fahrrad zu den Leuten oder auf den Markt. Das Opel-Fahrrad, das ich damals erstanden hatte, war mein ganzer Stolz. Damit kam ich viel schneller zu meinen Schwangeren. Als ich allerdings eines Abends von meinem Besuch bei einer Wöchnerin aus dem Haus trat, war mein Fahrrad verschwunden.

Enkelin: Hatten es Kinder versteckt oder war es geklaut worden?

Großmutter: Damals vertrauten wir eigentlich noch auf die Ehrlichkeit der Menschen und Kinder hatten Respekt vor den Erwachsenen. Ich als Hebamme war auch so etwas wie eine öffentliche

Respektsperson. Da hätte sich niemand getraut, mir mein Fahrrad zu verstecken, zumal ich ja manchmal ganz dringend gebraucht wurde! Ich hatte das Rad in Spachbrücken an den Zaun gelehnt, wieder mal sehr in Eile, da ich viel zu spät dran war. Und als ich nach der Geburt das Haus der jungen Mutter verließ, war das Rad weg. Es hatte mir bestimmt einer dieser Polen geklaut, dachte ich, die in der Kriegszeit bei uns in der Gemeinde Zwangsarbeit leisten mussten. Ich schimpfte so vor mich hin, als wirklich ein polnischer Mann die Straße entlangkam. Er sah mich in meiner Not und versprach mir, bis zum nächsten Tag ein neues Fahrrad zu beschaffen.

Enkelin: Und, hast du das Angebot angenommen?

Großmutter: Wo denkst du hin! »Was fällt Ihnen ein«, hab ich gesagt, »ich will doch kein geklautes Fahrrad! Lieber lauf ich wieder zu meinen Frauen!«

Enkelin: Bist du dann all die Jahre gelaufen?

Großmutter: Zwei Jahre Fußmarsch waren angesagt. Dann hatte ich mir das Geld zusammengespart, um 1941 meinen Motorradführerschein zu machen und mir eine Damenmühle zu kaufen. Weißt du überhaupt noch, was eine Damenmühle ist?

Enkelin: Nein, diesen Ausdruck habe ich bislang nicht gehört. Was ist das?

Großmutter: So nannten wir das erste Motorradmodell für Damen. Es war so konstruiert, dass es einen niedrigeren, abgesenkten Mittelholm hatte. So kamen die Frauen mit ihren Röcken besser darauf. Meins war rot und mein ganzer Stolz. Damit war ich von Einsatzort zu Einsatzort unterwegs und war die Attraktion im Gersprenztal und im vorderen Odenwald.

Enkelin: Das ging? Ich habe gehört, dass in der Kriegszeit alle Verkehrsmittel abgegeben werden mussten.

Großmutter: Das stimmt nicht ganz. In Ausnahmefällen durften verschiedene Berufsgruppen wie die Ortspolizisten, Ärzte und Hebammen ihre Autos, Motorräder oder Fahrräder behalten. Andere versteckten aber auch ihr Fortbewegungsmittel im Heu, weil sie es nicht hergeben wollten!

Enkelin: Wie lief denn eigentlich deine Arbeit rund um eine Geburt ab?

Großmutter: In der Regel kamen die Frauen zu mir, wenn ihre Tage ausblieben und sie vermuteten, dass sie schwanger waren. Der Besuch beim Frauenarzt war ja nicht üblich so wie heute. Ich redete mit den Frauen, um zu erfahren, wo und wie sie lebten; aber meistens kannte ich sie auch. Mit dem Einsetzen der ersten Wehen wurde ich zu den Schwangeren gerufen. In meiner Dienstordnung stand, dass ich, wenn ich gerufen wurde, »auf dem Fuß zu folgen hatte«. Das hieß, dass ich deine Mutter dann schnell rüber zur Nachbarin brachte, mir meinen Hebammenkoffer schnappte und mich auf den Weg machte. Bis das Kind kam, vergingen meistens dann noch fünf bis sechs Stunden. Oft waren die Mutter, Tante oder eine Nachbarin der Schwangeren mit dabei, die mir zur Hand gingen und die Schwangere seelisch und moralisch unterstützten. Sie machten zum Beispiel auch heißes Wasser oder legten die Windeln zurecht. Es gab zwar Desinfektionsmittel, aber die waren recht teuer, und so wurde viel heißes Wasser benutzt, um das Geburtsbesteck zu reinigen. Auch meine Hände mussten erst lange mit der Wurzelbürste geschrubbt werden, bevor ich die Arbeit beginnen durfte.

Enkelin: Half dir kein Arzt bei der Geburt und bei der anschließenden Nachsorge?

Großmutter: Verlief die Geburt ohne Komplikationen, führte ich sie alleine durch. Insgesamt habe ich 1772 Kinder auf die Welt gebracht, die alle lebendig und gesund waren. Nach der Geburt musste ich dann noch zehn Tage lang die frischgebackenen Mütter besuchen und nach ihnen und ihrem Nachwuchs schauen. Die ersten fünf Tage ging ich morgens und abends Mutter und Kind untersuchen, danach reichte es einmal am Tag, wenn nichts Unvorhergesehenes dazwischenkam. Das war in geburtsstarken Zeiten manchmal ganz schön hektisch. Da war ich für meine Damenmühle dankbar. Im Winter gab es manchmal Probleme, weil die Wege nicht freigeräumt wurden und ich schon Kopf und Kragen bei der Fahrt riskieren musste.

Enkelin: Hattest du da überhaupt noch Zeit für deine eigene Familie oder musstest du dich immer nur um andere kümmern?

Großmutter: Hm, manchmal musste deine Mutter ganz schön zurückstecken. Ich hatte sie ja bereits auf die Welt gebracht, als dein Großvater im Ersten Weltkrieg fiel und ich Geld verdienen musste. So war deine Mutter noch klein, als ich die Hebammenschule in Mainz besuchte und mit meiner Arbeit anfing.

Enkelin: Warum hast du dir dann als Alleinerziehende überhaupt so einen Beruf ausgesucht? Es war doch klar, dass du oft unterwegs sein würdest.

Großmutter: Ich wollte anderen Frauen helfen und hatte schon immer gerne mit Kindern zu tun. Für mich war der Beruf der Hebamme auch Berufung. Außerdem konnten damals nur Frauen Hebamme werden, die selbst Kinder hatten und wussten, was sie taten; nicht so wie in der heutigen Zeit, in der auch Ledige dem Hebammenberuf nachgehen dürfen. Es waren eben noch andere Zeiten.

Enkelin: Du hattest sicherlich durch die Geburten einen guten Kontakt zu den Familien?

Großmutter: Ich war oft die Vertraute der Frauen und erfuhr von ihren Sorgen und Nöten. Armen Familien, die noch nicht einmal das Geld für ein Taufkleidchen hatten, lieh ich das, welches ich für meine Tochter gekauft hatte. Es wurde immer sorgsam behandelt und ausgebessert. Auch du wurdest damit noch getauft. Schau mal, ich habe es hier ... *(zeigt das Taufkleidchen)*

Enkelin: Hast du sonst noch Erinnerungsstücke aus der damaligen Zeit?

Großmutter: Ach ja, da hinten müsste auch noch mein alter Hebammenkoffer mit den Hebammentagebüchern und meinem Einschreibheft aus der Ausbildungszeit stehen. Wir mussten unser Tagebuch sorgsam führen, den Namen der Frau und den Wohnort eintragen, Angaben über den Verlauf der Geburt machen und notieren, falls es Besonderheiten oder Auffälligkeiten beim Kind gab. Wir mussten auch dafür sorgen, dass die Geburt standesamtlich angezeigt wurde. Na, du hörst mir ja gar nicht mehr richtig zu. Was hast du denn so Interessantes in meinem Hebammenkoffer entdeckt?

Enkelin (sucht im Koffer): Das sind teilweise seltsame Gerätschaften. Wofür waren die denn gut?

Großmutter: Schau mal, das ist ...

(Beide vertiefen sich in den Kofferinhalt.)

Nachwort

Anna Pfaff ging am 31. Dezember 1953 in Ruhestand. Doch auch danach half sie noch bei manchen Familien aus, die Nachwuchs bekommen hatten, so auch bei einer Familie in Reinheim, in der Zwillinge auf die Welt gekommen waren. Hier unterstützte sie am 28. März 1957 die Mutter bei der Versorgung der Kleinen und spülte gerade im Bad die Babyfläschchen aus, als sie einen Herzschlag erlitt und starb. Einen schöneren Tod hätte sie sich sicherlich nicht wünschen können.

Werkstatt-Tage, v. l.: Martina Emmerich, Anja Hering, Ima Krüger, Martina Schmitt, Barbara Linnenbrügger, Johanna Schaller und Lina Keil

Quellen

Martina Emmerich und Anja Hering führten im Sommer 2006 Interviews mit Hella Fehn aus Reinheim, Enkelin der Hebamme Anna Pfaff, sowie mit Friedel Scholz, Hebamme aus Michelstadt.

Mit dem Spazierwagen auf Verwandtenbesuch

von Lina Keil

Noch heute besitzen wir den Spazierwagen, den der Urgroßvater meines Mannes im Jahr 1898 anschaffte. Wie der Name bereits sagt, diente der von einem Pferd oder Gespann gezogene Stuhlwagen nicht zur Verrichtung landwirtschaftlicher Arbeiten, sondern zum Spazierenfahren von Angehörigen der bäuerlichen Großfamilie.

Vor der Hochzeit schickte der Urgroßvater seinen Sohn nach Bromisch, heute Brombach, zum Schmied, um einen Spazierwagen zu kaufen. Mehr als 100 Mark sollte er jedoch keinesfalls ausgeben, denn es war schon ein gewisser Luxus für einen Ober-Osterner »Gailsbauer«, im mit Pferden bespannten Wagen spazieren zu fahren, anstatt an den Steilhängen des »Vältes Gutes« hart fürs tägliche Brot zu arbeiten. Ein schönes, aber weit teureres Exemplar war zum Kauf angeboten. Gehorsam, wie er war, wagte der Sohn die Anschaffung nicht und zog unverrichteter Dinge nach Ober-Ostern zurück. »So, da marschierst du noch einmal die 25 Kilometer nach Bromisch und kaufst das ›Spazierwägelchen‹ doch«, entschied zu Hause seine Mutter. Sie dachte dabei nicht nur an das Abholen von Arzt und Hebamme aus Nachbarorten bei Nacht, sondern auch daran, dass ihr der Wagen mehr Möglichkeiten für Verwandtenbesuche bieten würde.

Zwei Bänke, daher auch Stuhlwagen genannt, boten Sitzplätze für Eltern, Großeltern und weitere Erwachsene, während die Kinder im hinteren Wagenteil auf Stühlchen saßen. Der geflochtene Stuhlwagenaufbau ließ in seinem Muster Gucklöcher für die Kinder frei. Die hölzernen Speichen der eisenbereiften Räder waren bunt bemalt. Die ruckelnde Fahrt über holprige Chausseen und Feldwege bot einen gewissen Komfort. Sie ersparte weite Fußmärsche und außerdem konnten mehrere Personen, Alte und Kinder, gleichzeitig fahren: sei es zum Gottesdienst nach Reichelsheim, zur Tochter nach Bockenrod, zu Schwester, Tante und Patin nach Laudenau, Wald-Michelbach und Gumpen oder zu Bruder und Onkel nach Igelsbach und Unter-Ostern. Die jährliche Kerb, das Kirchweihfest, wurde in den Dörfern regelmäßig zu Gegenbesuchen genutzt. Auch der Erbacher Wiesenmarkt war mit Pferd und Wagen gut zu erreichen. Ein besonderes Ereignis war die Fahrt zu Hochzeiten im Odenwälder Verwandtenkreis.

Eingeweiht wurde unser Spazierwagen am 7. Juni 1898, dem Hochzeitstag der Großeltern meines Mannes, Johann-Wilhelm Keil und Anna Margarethe, geb. Arras aus Laudenau. Was für ein Gefühl mag es gewesen sein, als Kutscher Bräutigam und Braut samt Eltern im neuen Spazierwagen, gezogen von geputzten Pferden im messingbeschlagenen Sonntagsgeschirr, nach Reichelsheim zur kirchlichen Trauung zu fahren?

Recht arbeitsaufwändig ist das Reisen mit Pferd und Wagen doch gewesen. Unser Spazierwagen wurde zur verwandtschaftlichen Kontaktpflege genutzt, bis es Omnibusverbindungen zwischen den Odenwalddörfern gab. Unter der Dachspitze der alten Maschinenhalle aufgehängt, wartet das gut erhaltene einstige Sonntagsmobil im Verborgenen darauf, dass es vielleicht eines Tages in der überdachten Hofeinfahrt einen sichtbaren Ehrenplatz finden wird.

Ein Familienausflug mit dem Spazierwagen meiner Eltern war ein besonderes Kindheitserlebnis für mich. Ich war drei, meine Schwester Ottilie zwei Jahre alt und Mama war glücklich, denn Papa war im Sommer 1942 zum Urlaub von der Front zu Hause. Eine Fahrt nach Igelsbach, dem zu Mitlechtern im Kreis Bergstraße gehörenden Weiler, war geplant.

Vaters Petter und seine kranke Gode wollten wir dort besuchen. Der Spazierwagen stand auf dem Hof bereit in Michelbach, dem Weiler von Fränkisch-Crumbach, wo ich aufgewachsen bin. Papa putzte das Pferd und schirrte es mit dem messingbeschlagenen und mit rotem Filz unterlegten Sonntagskummet an. Dann spannte er den »Braunen« in den Wagen ein. Als Landwirt im Umgang mit Pferden geübt, nahm Papa auf der Bank als Kutscher Platz. Mama saß neben ihm. Meine Schwester und ich wurden auf Stühlchen im hinteren Wagenteil gesetzt. Papa schnalzte mit der Zunge und endlich ging es los.

Lina Keil beim Vortrag im Michelstädter Odenwaldmuseum

Mit »hü« und »hott« im Trab und Galopp, bergauf und bergab zog uns der Braune übers Land und von Dorf zu Dorf. Wir sahen Himmel, Wolken und Bäume und in Ortschaften Häuser durch die Gucklöcher vorüberziehen. Über holprige Landstraßen geruckelt und geschaukelt, kamen wir in Igelsbach an. Großonkel Peter bewirtete uns mit Kaffee und Kuchen, während er dabei seine kranke Frau versorgte. Wieder zu Hause, schliefen meine Schwester und ich »müde geschockelt« bald nach der Reise ein – und auch im Traum ruckelte und schaukelte es noch.

Der Familienausflug mit dem Spazierwagen – dieses kleine Kindheitsglück – lebt in mir fort im Gedenken an meinen Vater, der das Kriegsende nicht erlebte. Danke sage ich unserer allein sorgenden Mutter, auch dafür, dass sie uns damals fotografierte.

Quelle

Der Text enstand aus den persönlichen Erinnerungen von Lina Keil, Reichelsheim/ Ober-Ostern.

Böllsteiner »Bewegungsgeschichten«

von Ima Krüger

Die Marie, eine alte Frau aus meinem Dorf, hat mir erzählt, wie es früher, vor fast 90 Jahren, in Böllstein war. Jetzt hat der Ort gut 400 Einwohner und Einwohnerinnen. Damals waren es noch nicht einmal 200. Es gab noch keine Straßenbeleuchtung, die paar Straßen waren unbefestigt und wenn es geregnet hatte, dann mussten die Leute halt durch den Schlamm stapfen. »Spielen? Naa, des hots net gebbe«, sagt die Marie, »mir Kinner hebbe schaffe misse.« Die Kinder hatten, je nach Alter und Kräften, ihre Aufgaben. Die Mutter half bei den Bauern, überall, wo ein paar kräftige Hände gebraucht wurden, beim Heumachen, in der Ernte. Der Vater arbeitete im Steinbruch. Ihm musste die Marie mittags nach der Schule das Essen bringen.

In die Schule ist sie gern gegangen. Der Lehrer war freundlich und wusste die Kinder zu begeistern. Marie erzählt, dass er öfter mit den Schulkindern Ausflüge gemacht habe, zu Fuß über Fränkisch-Crumbach zum Rodenstein oder mit dem Odenwälder Lieschen von Nieder-Kainsbach nach Bieberau und von da aus zu Fuß weiter bis zum Schloss Lichtenberg.

Mit 14 Jahren kamen die Marie und ihre Freundin aus der Schule, aber bis sie 16 Jahre alt waren, durften sie noch nicht ausgehen. Als es dann endlich so weit war und sie die Erlaubnis hatten, zum Kerbtanz zu gehen, »... ou, wos is uns do die Zeit bis zur Kirb sou lang worn!« Aber natürlich durften sie nicht allein gehen, und da niemand für sie Zeit hatte, erbarmte sich schließlich der »alt' Onkel Ludwisch« und nahm die beiden Mädchen mit zum Tanz. Mit 17 Jahren schloss sie sich der Trachtengruppe an, wo sie Volkstänze einübten und musiziert wurde. Samstagabends ging die ganze Truppe »uff die Musick« in die umliegenden Dörfer. Es war ungeschriebenes Gesetz, dass alle miteinander hingingen und wieder miteinander heimgingen. Beim Tanzvergnügen konnten alle tun und lassen, was sie wollten, aber wenn es auf den Heimweg ging, mussten alle mit. Wenn der Tanz vorbei war, war es ja schon stockdunkle Nacht. Also ging einer mit der Karbidlampe voran, alle fassten sich an den Händen und tappten in einer Reihe hintereinander durch den finsteren Wald. Einmal war es allerdings so spät geworden, oder besser so früh, dass sie keine Lampe mehr brauchten. Als die Gruppe aus dem Wald kam, erzählt die Marie: »Do wor der August schon beim Haa-mache.«

An eine Fahrradtour mit der Trachtengruppe erinnert sie sich noch mit Vergnügen: Zuerst ging es über Lindenfels nach Bensheim, wo eine Cousine des Lehrers wohnte. Dort haben sich alle erst einmal ausgeruht. Aber dann wollten sie gerne noch nach Darmstadt »uff die Mess«, also radelte die Truppe die Bergstraße entlang bis nach Darmstadt und nach ausgiebigem »Mess«-Besuch wieder zurück. Ankunft in Böllstein: mitten in der Nacht.

Ima Krüger (stehend) beim Vortrag in Fränkisch-Crumbach

Als die Marie erwachsen war, verdiente sie sich in der Erntezeit auf den Bauernhöfen in der Umgebung ein paar Mark. Stolz erzählt sie mir, dass sie die beste und schnellste Mäherin im Dorf war. Heutzutage genügen ein einziger Mann und eine Maschine, um ein großes Feld an einem Tag abzuernten. Früher hat es dazu viele Menschen gebraucht. Frühmorgens, noch vor Sonnenaufgang gingen die Leute aufs Feld. Die Schnitter und Schnitterinnen standen in einer Reihe nebeneinander und dann ging's los: zisch, zisch, fuhren die Sensen im Takt durch das Korn. Aber die Marie war immer ein kleines bisschen schneller, so dass die Burschen ihr oft zuriefen: »Ei, Mariesche, dau e bissi langsam! Sou schnell kenne mir net!« Hinter denen, die das Getreide schnitten, gingen die Frauen, die die Garben mit Strohseilen zusammenbanden und in Hocken aufstellten.

Um 11 Uhr läutete die Glocke oben auf dem Schulhaus. Das war das Zeichen für die Bäuerin und ein paar Mägde, nach Hause zu gehen und das Essen zu kochen. Das fertige Mittagsmahl wurde dann im Handwagen aufs Feld gezogen. Alle saßen am Waldrand oder unter einem großen Baum oder, wenn kein Baum da war, einfach nur im Schatten des Leiterwagens, ließen sich nach der schweren Arbeit das Essen schmecken und ruhten eine Weile aus. Dann machten sie weiter: schneiden, binden, aufstellen; schneiden, binden, aufstellen, bis um 5 Uhr die Abendglocke läutete und alle müde nach Haus gingen. War das Feld noch nicht fertig abgeerntet, dann ging es am anderen Morgen vor Sonnenaufgang wieder los. Nach ein paar Tagen, wenn das Getreide in den Hocken getrocknet war, wurde es eingefahren. Ein paar kräftige Männer gabelten die Garben hoch, die Frauen standen auf dem Erntewagen, nahmen die Garben an und stapelten sie so geschickt, dass möglichst viele auf dem Wagen Platz fanden. Zum Schluss war der Wagen atemberaubend hoch beladen, die Frauen und Kinder saßen obenauf, die Pferde, oder bei den Kuh-Bauern die Ochsen, zogen an und schwankend bewegte sich das Gefährt dem heimatlichen Hof zu. Das Getreide wurde abgeladen und gelagert, bis es ausgedroschen wurde.

Wer damals in die Stadt wollte, auf ein Amt musste oder etwas Besonderes einkaufen wollte, lief selbstverständlich zu Fuß. Erst ging's von Böllstein über die Felder bis zur Russeneiche, dann durch den Wald nach Steinbach und weiter nach Michelstadt oder Erbach. Als ich mich über den weiten Weg wundere, der doch bestimmt zwei- bis zweieinhalb Stunden für eine Strecke in Anspruch nahm, meint die Marie nur ganz gelassen: »Naa, des wor net schlimm. Mer hot jo doch nix anneres gekennt.« Einmal, als ihre Mutter sehr krank war, ist sie mit dem Fahrrad jeden Tag nach Michelstadt ins Krankenhaus geradelt.

Nach dem Krieg lernte sie ihren Wilhelm kennen, heiratete und bekam zwei Kinder.

Jeden Morgen fuhr ihr Mann mit dem Motorrad nach Darmstadt zur Arbeit. »Ewwer isch bin aa als emol mitgefohrn«, berichtet die Marie, »zum Oikaafe oder um die Gode zu besuche«, und stolz sagt sie: »Isch hebb sogor noch moi oldi Ledderkabbe.« Später begann in Böllstein der Erdbeeranbau – auch wieder so eine elende Knochenarbeit, die schon morgens um 3 Uhr losging. Aber durch die Erdbeeren kam ein bisschen Wohlstand in die Häuser und die Marie und der Wilhelm leisteten sich ihr erstes Auto. Damit sind sie dann sogar ein paarmal in Urlaub gefahren, zu Verwandten nach Bayern. Der Wilhelm ist nun schon ein paar Jahre tot, die Marie ist alt geworden. Aber jetzt fegt ihre Urenkelin mit dem Bobbycar über den Hof. Wieder eine Odenwälderin in Bewegung!

Quelle

Ima Krüger führte im Sommer 2006 ein Interview mit einer Böllsteinerin, die nicht genannt sein möchte. Wir haben sie in der Geschichte Marie genannt.

Fahrradfahrerinnen

von Martina Emmerich

Als größte deutsche Zweiradfabrik produzierte die Firma Opel in Rüsselsheim 1887 Fahrräder. Insgesamt wurden in diesem Jahr in ganz Deutschland 7000 Räder hergestellt, zehn Jahre später waren es bereits 200 000. Doch für viele Menschen war das Fahrrad ein absoluter Luxusartikel. Wer bereits 1883 ein Rad haben wollte, importierte es für 400 bis 500 Reichsmark. Deutsche Fahrräder kosteten 1898 immerhin noch 225 Reichsmark. Dies entsprach ein bis zwei Jahreslöhnen der Durchschnittsbevölkerung.

Während in Bordeaux bereits am 1. November 1868 das erste Damenrennen stattfand, kam das Radfahren in den Städten unserer Region, beispielsweise in Darmstadt oder Mannheim, für Frauen erst in den 1890er-Jahren in Mode. Frau Hauptkonsul Wirthwein aus Darmstadt nahm beispielsweise am 3. Juli 1898 am Radkorso in Frankfurt am Main teil und gewann den ersten Platz. Große Diskussionen gab es darüber, ob das Radfahren für Frauen gut sei oder nicht. »Für vollständig gesunde Frauen ist ein sehr mäßiges und nicht zu ausgedehntes, gleichsam ›in homöopathischen Dosen‹ ausgeübtes Radfahren hygienisch ebenso nützlich wie für Männer«, ist in der Süddeutschen Touristen- und Radfahrerzeitung 1898 nachzulesen. »Die energische Muskelarbeit zwingt zu tieferen Einathmungen; dadurch wird dem Blute mehr Sauerstoff, mehr Nahrung zugeführt, welche allen Organen, Nerven und Muskeln zu Gute kommt. Deshalb ist mäßiges Radfahren besonders gut bei leichteren Graden von Nervösität und Bleichsucht.« Auch allen »Lungenschwachen« und »Flügellahmen« sei das Radfahren zu empfehlen, heißt es in den Ausführungen.

Nach dem Auftritt in Michelstadt, v. l.: Martina Emmerich, Barbara Linnenbrügger, Ima Krüger, Johanna Schaller, Martina Schmitt, Ursula Reuter und Lina Keil

Es gab jedoch auch viele männliche Gegner, die behaupteten, dass Radfahren sei für Frauen ungesund: »Da die Radfahrerin während der Fahrt die Lippen fest zusammenpresst, wird im Verlauf von wenigen Monaten nichts mehr übrig geblieben sein, was zum Küssen geeignet ist.«[3] Darüber hinaus wurden Einwände laut, Radfahren wäre unschicklich, schließlich käme es beim Radfahren zu einem unschönen Hochheben der Knie, was unweiblich sei. Und um zu verhindern, dass durch das Heben des Rockes für einige Sekunden die Dessous sichtbar werden, erließ die Petersburger Stadtverwaltung 1898 eine Verordnung, die besagte, dass Radfahrerinnen eine Art Hosenrock als Bekleidung tragen müssen. »Jede Dame, welche sich dem Radfahren widmen will, sollte zunächst in aller Offenheit, ohne jede Selbsttäuschung, mit sich selbst ernstlich zu Rathe gehen, weshalb sie es zu lernen wünscht. Geschieht es wirklich nur der Gesundheit oder des Vergnügens wegen, dann ist es gut. Stecken aber, wenn auch erst in zweiter Reihe, Emanzipationsgelüste, Eitelkeit oder Gefallsucht dahinter, dann soll sie sich charakterfest zeigen und es bleiben lassen.« So lautete die Aufforderung der Süddeutschen Touristen- und Radfahrerzeitung 1898.

Um all dies wurde sich im inneren Odenwald und im Gersprenztal noch keine Gedanken gemacht. Hier kam das Fahrrad erst nach und nach in Mode. Um 1900 gab es in Michelstadt gerade einmal 33 Fahrräder, 25 in Reichelsheim und Erbach, 21 in Beerfelden sowie 12 in Bad König und Höchst. Diese Zahlen sind historisch überliefert, da zu dieser Zeit die Fahrräder polizeilich angemeldet werden mussten. Kaufleute, Fabrikanten, Ärzte, reiche Bauern und Handwerker leisteten sich als Erste Räder, um damit zur Arbeit zu fahren, ihre Werkzeuge zu transportieren oder ihre Frau auf den Markt zu schicken. Später waren es die Hebammen, die sich als berufstätige Frauen Fahrräder als Fortbewegungsmittel zu-

---

3 Arbeitsgemeinschaft der Geschichts- und Heimatvereine (Hg.): Geschichtsblätter der Bergstraße, Bd. 23, Lorsch 2004

legten. Da sie für ihre enorm verantwortungsvolle Tätigkeit nur eine kärgliche Entlohnung erhielten, konnten sich die Hebammen jedoch Anfang des 20. Jahrhunderts noch kein Fahrrad für rund 200 Reichsmark leisten.

Einer Umfrage von Medizinalrat Dr. Krug, Direktor der Mainzer Hebammenschule, zu Folge, verdienten die Landhebammen folgendes Jahreseinkommen: Zehn erhielten bis zu 100 Reichsmark, zwanzig zwischen 100 und 150 Reichsmark, siebenundzwanzig zwischen 150 und 200 Reichsmark, neunzehn zwischen 200 und 250 Reichsmark, zehn zwischen 250 und 300 Reichsmark, vier zwischen 300 und 350 Reichsmark, zwei zwischen 350 und 400 Reichsmark, drei zwischen 400 und 450 Reichsmark. Und fünf brachten es im Jahr auf bis zu 500 Reichsmark.

1908 wurde der erste Radfahrerverein in Höchst gegründet, ab 1920 gab es einen in Nieder-Kainsbach und 1924/25 gründete sich ein weiterer Radfahrverein in Höllerbach.

Radfahrverein Bad König – Mitglieder und Ehrenfrauen

Auf dem Bild sind neben den Mitgliedern auch einige Frauen zu sehen, allerdings dürfte es sich hierbei um die sogenannten Ehrenfrauen handeln, die man gerne mit aufs Bild nahm. Radsport für Frauen war im Odenwald noch längst kein Thema. Es fand zwar 1926 auf der Aschenbahn in Michelstadt ein großes Radrennen statt, doch auch hier waren die Frauen nur als Besucherinnen geduldet.

»So gegen 1925 bis 1930 wurde es Mode, dass die Frauen mit ihren langen Röcken sonntags zum Tanz fuhren«, berichtet Hansjürgen Künzel vom Motorrad-Museum Michelstadt. Bis in die 50er-Jahre hinein entwickelte sich das Fahrrad dann zum meistgenutzten Verkehrs- und Transportmittel. Es wurde schließlich vom Motorrad abgelöst.

Quelle /Literaturhinweise

Der Text entstand aus einem Interview mit Herrn Künzel vom Motorradmuseum in Michelstadt.

Arbeitsgemeinschaft der Geschichts- und Heimatvereine (Hg.): Geschichtsblätter der Bergstraße, Bd. 23, Lorsch 2004

Bormuth, Heinz/Friedel, Hugo: »Von den Anfängen des Radfahrens«, in: »Gelurt«, Odenwälder Jahrbuch für Kultur und Geschichte, Erbach 1999

Gemeindeverwaltung Brensbach (Hg.): Brensbach – Bilder aus der Vergangenheit, Brensbach 1986

»Ich bin ja mit dem Lieschen aufgewachsen«

von Ursula Reuter und Barbara Linnenbrügger

Frau Martini wurde 1922 in Beerfurth geboren, als Tochter einer Metzger-Familie. Sie hat ihr ganzes Leben in Beerfurth in ihrem Geburtshaus in der Pfalzstraße gelebt. Die Volksschule war zu Fuß erreichbar. Später ist sie dann auch mal mit dem Fahrrad gefahren. Jedes Jahr gab es einen Ausflug. Einmal ist ihre ganze Schulklasse zu Fuß bis zum Felsenmeer gelaufen. Morgens, ganz früh ging's los. »Grießsupp mit Ziegenmilch hat's da gäwe.« Am frühen Nachmittag waren sie da. Das Felsenmeer haben sie nur kurz gesehen, dann wurden sie von zwei Beerfurther Bauern mit Pferdefuhrwerken abgeholt. »Reiten? Nein, das hat's bei uns net gäwe!« Sonntags führte der Weg zu Fuß nach Reichelsheim in die Kirche. »Und in den Konfirmandenunterricht dann noch zweimal die Woche extra rüber nach Reichels.« Einmal im Jahr sind sie mit dem »Lieschen«, der Eisenbahn im Gersprenztal, bis Reinheim und von da mit der Odenwaldbahn ins Mümlingtal, nach Höchst zum Friedhof gefahren. Ihre Mutter war gebürtig aus Höchst, so wurde die mittlerweile verstorbene Verwandtschaft »besucht«. »Verwandtenbesuche waren nicht viele woanders. Alle waren hier.«

Lina Martini als junges Mädchen

Wie sie so zwölf, dreizehn Jahre alt war, fuhren sie auch mal nach Darmstadt. Ihre Mutter sagte dann: »Mer mache jetzt uff nach Darmstadt, is Weihnachtszeit! Un dann ging's los, mit dem Lieschen. Einen Weihnachtsmarkt gab's net Anfang der 30er-Jahre, aber die Schaufenster schauen, das war wohl was. Nach Michelstadt und Erbach, zum Bienen- oder Wiesenmarkt sin mer net gefahren, hatten ja auch net so viel Geld. Nur die Kerb in Beerfurth, da sin mer hie.« Frau Martinis Mutter ist bis auf die wenigen Lieschenfahrten im Jahr eigentlich nur gelaufen. »Die Mutter is net mit dem Rad gefahre, der Vadder wohl, der war Metzger. Er hat in der Stadt geschafft. In Darmstadt oder auch in Frankfurt. Der Vadder war die ganze Woche weg und kam dann mit dem Lieschen am Wochenende heim.«

Die Frauen haben in ihrer Kindheit das Gras für die Ziegen gemacht und dann auf dem Kopf heimgetragen, da erinnert sie sich noch dran, aber die Butterfrauen sind zu der Zeit schon mit dem Lieschen gefahren. »Ich bin ja mit dem Lieschen aufgewachsen. Vorher ist das alls anners gewest. Dass die Butterfrauen noch de Korb auf'm Kopf gehabt hän, das kenn ich net mehr.«

An das erste eigene Fahrrad erinnert sich Frau Martini. Da war sie vierzehn Jahre alt, im letzten Volksschuljahr. Fahrradfahren hat sie allerdings schon viel früher gelernt: »Das eine hat's gehalte, dass mer e bissche Schutz hatte, das andere is gefahrn. Und so ging's dann irgendwann. Un auf den großen Rädern sind mer im Stehen gefahre.« Ein Auto hatte in diesen Jahren in Beerfurth kaum jemand: »Wenig Leute hatten ein Auto, wenig, wenig … vielleicht der Bürgermeister? Un das war's denn auch schon.«

Und dann kam die Lehrzeit, das war dann 1937. Eine Lehrstelle als Schneiderin bekam Frau Martini in Kirch-Beerfurth bei einer Frau, die zu Hause nähte und die Meisterprüfung hatte. »Es war immer nur die Lehrmeisterin und ein Lehrmädchen. Geld gab's kaans, die Eltern musste sogar zwei Drittel von de Krankekass selbst bezahle.« Aber da konnte sie zu Fuß hin oder auch mit dem Rad. Schon schwieriger war es mit dem Berufsschulbesuch in Erbach. Da ging's im Sommer morgens um sieben, »wenn's im Tonwerk brummte«, los. In der Beerfurther Ziegelei wurde der Arbeitsbeginn mit einer Sirene angekündigt. Dann schob sie zusammen mit einem anderen Mädel die Räder die Hutzwiese hoch, Berg runter wurde gefahren. Um 8 Uhr ging der Unterricht los. Gegen 5 Uhr nachmittags war die Schule aus, dann ging's heim. Der Rückweg über die lang gezogene Steigung bei Rehbach war aber viel beschwerlicher. Im Winter, bei Eis und Schnee, mussten sie schon um 6 Uhr mit dem Lieschen los. Zwei Stunden dauerte die Fahrt über Reinheim, Wiebelsbach und Höchst nach Erbach. Und das alles nur, weil der Bus in den 30er-Jahren nach Erbach nur einmal die Woche fuhr, und das war mittwochs. Und Schule hatten sie am Montag! Im Winter ist sie dann von der Lehre aus auch zu anderen zum Nähen gefahren. »In de Vierstöck hab ich dann geschafft, im Gasthaus Weber. Mit dem Fahrrad bin ich hoch, geschowe hab ich's. Runner bin ich gefahrn. Nur bei Eis und Schnee nicht. Aber da war die Straße ja auch schon asphaltiert. 1936 wurde die Nibelungenstraße gemacht. Aber auch auf dem Schotter, der vorher da war, ging's ganz gut mit dem Rad.«

Nach der Lehre war Frau Martini erst zum Arbeitsdienst in Ilbenstadt in der Wetterau. »20 Pfennig gab's da am Dach. Und dann 25 Pfennig im Kriegsdienst. Da hab ich gespart, um einmal im Monat mit dem Lieschen nach Hause zu komme.« Und dann wurde sie im vorletzten Kriegsjahr, im Oktober 1944, mit über sechzig anderen Mädels von Erbach aus zum Flakeinsatz nach Berlin geschickt. Hin waren sie mit der Bahn unterwegs. Nach der Ausbildung sollten sie Scheinwerfer zur Flugabwehr bedienen, da war der Russe aber schneller. Zum Einsatz sind sie gar nicht mehr gekommen. So hat sie sich mit einem anderen Mädel zusammen im April 1945 dann zu Fuß auf den Rückweg gemacht. Drei Wochen haben sie gebraucht. »Do wor ja noch Krieg und mer musste immer Passierscheine hawwe. Aber pünktlich zum Geburtstag vom Vadder warn mer dann wieder in Beerfurth. Das war 'ne Freude; weil, man hat ja gar nichts voneinanner g'wusst.«

Ihre erste Autofahrt erlebte Frau Martini dann in der Nachkriegszeit, 1946 oder 1947, da war sie schon verheiratet. »Es gab ja kein Benzin und das war so ein Auto, was hinne gebrennt hat und dann fuhr's.« Das war wohl ein Auto mit Holzvergaser, da wurde hinten auf der Ladefläche richtig eingeheizt. Frau Martinis Mann hatte dann schon früh ein Auto, um zur Arbeit zu fahren – einen Loyd. »Inne drin hat als das Wasser gestanne, weil er nicht dicht war, aber es war halt e billisch Audo.« 1950 sind sie dann das erste Mal in Urlaub gefahren, nach Wilhelmshaven, mit den zwei Ältesten. Also zwei Erwachsene, zwei kleine Kinder und alles, was so für zwei Wochen gebraucht wurde. »Na ja, viel war das ja net, was mer an Kleidern hatte, aber alles ging in den Loyd rein.« Das haben sie dann bis zum Tod ihres Mannes vor jetzt 34 Jahren jedes Jahr gemacht, immer nach Wilhelmshaven an die Nordsee. Zweimal waren sie auch auf Helgoland, da ist sie dann auch mit dem Schiff gefahren. Und wie sie sonst so unterwegs war? »Nein, nein, mit dem Flugzeug net, da geh ich net rein! Aber in den 90er-Jahren bin ich viel mit den ehemaligen Odenwälder Flakhelferinnen unnerwegs gewest. Mer hawwe uns immer noch weiter getroffe. Viele sind's ja net mehr, mer werde alle älder. Mit dem Bus sind wir in Jugoslawien, in Italien und Spanien gewest.« Die letzte Reise war 2000.

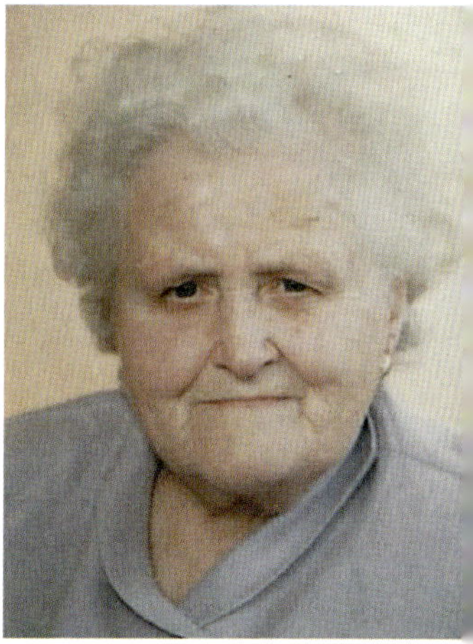

Lina Martini zum Zeitpunkt des Interviews

»Es waren schöne Tage, die wir gehabt haben. Aber es reicht. Es war viel. Es reicht!

Jetzt bin ich meist nur noch hier in Beerfurth und weil's den Lebensmittelladen hier net mehr gibt, müsse die Söhne einkaufe fohrn, aber des mache se auch.«

Quelle

Ursula Reuter und Barbara Linnenbrügger führten das Interview mit Lina Martini aus Beerfurth am 10. August 2006. Frau Martini ist 2009 gestorben.

»Lieschen«
Erinnerungen in neun Episoden
von Lina Keil

1. Episode
Zum Ernteurlaub von der Front kam mein Vater 1941 nach Hause. Das Lieschen brachte ihn zum Heimatbahnhof Nieder-Kainsbach/Fr.-Crumbach. 3 km zu Fuß legte er nach Michelbach, dem zu Fränkisch-Crumbach gehörenden Weiler, zurück. In Uniform sah und erlebte ich ihn zum ersten Mal. Zweieinhalb Jahre werde ich alt gewesen sein. Auf der Treppe lief ich ihm in den Weg. Er hat mich hochgehoben, mich an sich gedrückt und gesagt: »Weis mer mol doi Schnorresje!« und putzte mir die Nase.

Es war wohl die erste Liebkosung durch meinen Vater, die ich bewusst erlebte, und auch eine der wenigen, da er das Ende des Krieges nicht erlebte. Die wenigen Worte, lachend, mit warmer Stimme gesprochen, ich höre sie noch heute.

2. Episode
Ziel meiner ersten Bahnfahrt war der Besuch im Lazarett in Landstuhl in der Pfalz. Auf Papas Wunsch durfte ich 1942 mit dreieinhalb Jahren mit Mama und Papamutter, so nannten wir Papas Mutter, mit der Bahn dorthin verreisen. Im Spätherbst bei Nacht kutschierte uns mein Großvater mit dem Spazierwagen zum ersten Frühzug zur Bahnstation Nieder-Kainsbach/Fr.-Crumbach. Meine Großmutter, die keine Übung im Reisen hatte, meinte jedes Mal beim Umsteigen, unser Zug sei weg: »Däs war e, awweil is e fort!« So passierte es in Mannheim, dass wir drei hektisch den falschen Zug bestiegen und vor dem Abpfiff auf der anderen Seite schnell wieder ausstiegen. Im Lazarett durfte ich als Erste den großen Krankensaal betreten, sofort hatte ich Papa entdeckt und sprang auf sein Bett zu. Zum Vergnügen aller Soldaten tanzte ich zum Reim:

»Ringele, ringele Rose,
die Buwe häwwe Hose,
die Mädche häwwe Spitzeröck,
do falle se all in diefe Dreck!«

3. Episode

Am Tag nach der Brandnacht, am 11. September 1944, ich war fünf Jahre alt, holte Großvater mit dem Pferdewagen »ausgebombte« Darmstädter, die den Fliegerangriff überlebt hatten, am Bahnhof ab. Ein erschütterndes Bild prägte sich mir ein: Emmi Heiligenthal saß mit ihrem im Luftschutzkeller geborenen Baby Dieter und den Kindern Irmgard und Klaus auf dem Wagen. 1945 kam ihr Mann Ardie Heiligenthal aus der Kriegsgefangenschaft zurück. Neugierig beobachtete ich die Umarmungen der Wiedersehensfreude vor unserem Hoftor. Hoffen und Bangen bestimmten die Zeit: Wann würde das »Lieschen« auch unseren Vater wieder nach Hause ins Gersprenztal bringen?

4. Episode

Die Hungersnot nach dem Krieg verschaffte dem »Lieschen« einen Höchstbetrieb. Die Fahrkarten berechtigten zur Fahrt in den Odenwald und in die Dörfer des Gersprenztales und wieder nach Hause. Die Menschen hingen wie Trauben an den Waggons, obgleich mehr als üblich im Einsatz waren. Es wurde gehandelt und getauscht, weil außer Erdbeeren und Bahnfahrkarten für Geld nichts mehr zu bekommen war. Obwohl das Hamstern verboten war, ging es vom Bahnhof zu Fuß, mit knurrendem Magen, zu abgelegenen Höfen. Mit ein paar Kartoffeln, etwas Obst oder Mehl, auch selbst gelesenen Getreideähren fuhren die Menschen mit dem »Lieschen« in Richtung Stadt zurück. An ein besonderes Tauschgeschäft erinnere ich mich noch. Während es vorkam, dass Hungernde Silber, Bett- oder Tischwäsche für Nahrungsmittel opferten, fiel meine Großmutter auf den Glühbirnentrick herein: Die angebotene, vorgezeigte Glühbirne war meiner Großmutter den Tausch gegen einen halben Korb Kartoffeln wert. Während sie diese aus dem Keller holen musste, nutzte der Fremde die Gelegenheit und begab sich in unser unverschlossenes Schlafzimmer. Er schraubte die Birne aus der Lampe und nahm sie mit als Tauschobjekt für seinen Besuch im nächsten Haus. Als abends das Licht im Schlafzimmer nicht anging, ging uns ein Licht auf.

5. Episode

Im September 1949, im Aufbruch zum Wirtschaftswunder, ging es hoch her im »Lieschen«. Über hundert junge Mädchen und Burschen tanzten auf der Strecke von Reichelsheim bis Reinheim im Zug unter dem Motto »Caramba, caramba, im Lieschen tanzt man Samba!« Und noch mehr Zuschauer winkten auf den Stationen und feierten das »Lieschen« als »Samba-Express«.

Wir tanzen im Samba-Express.

6. Episode

Respekt hatte ich vor Herrn König, dem stattlichen Stationsvorsteher, der verantwortlich war für die pünktliche Abfahrt und das Rangieren von Personen- und Güterzügen. In blauer Uniform mit schwarzer Hose und roter Dienstmütze, mit erhobener Kelle und Pfeife gab er das Signal. Er bediente auch den Schalter, an dem ich meine Monats- oder Wochenkarten löste. Im Oktober 1953, als die letzten Soldaten aus russischer Gefangenschaft nach Hause kamen, war mein Vater nicht dabei. Er teilte das Schicksal der vielen, die in den Krieg ziehen mussten und nicht zurückkehrten. Herr König stützte sich hinter dem Schalter auf seine Ellbogen, mit meinem Gesicht auf gleicher Höhe sahen wir uns an: »Mädsche, ich muss der wos verzäile.

Wie doin Vadde zum letschte Mol vum Heumaturlaub an die Ostfront is, is er sou schwer fortgoange – un isch heb peife misse!«

7. Episode

Nach dem 4. Schuljahr galt mir der Anpfiff zum Aufbruch in eine neue Lebensphase.

Sechs Jahre meiner Schulzeit, von 1950 bis 1956, im Alter von elf bis siebzehn Jahren, fuhr ich mit dem »Lieschen« nach Groß-Bieberau, wo ich das Realgymnasium besuchte.

Lina Keil beim Vortrag in Fränkisch-Crumbach

Täglich 14 km Wegstrapazen zu Fuß, mit Fahrrad und Bahn waren Opfer für die Ausbildung. Ich erinnere mich daran, dass in den von der Dampflok gezogenen Waggons Öfen standen, die mit Kohle beheizt wurden. Im Winter 1951 hängte ich nach drei Kilometern Fußweg meine durchnässten Strümpfe während der Bahnfahrt zum Trocknen am Ofenschutzblech auf. Mehr Komfort bot die übersichtliche Triebwagengarnitur, die Heizkörper unter den Fenstern hatte. Nach dem allgemeinen Rollenverständnis der Einheimischen war auch im Odenwald der Gymnasiumsbesuch von Mädchen Anfang der 50er-Jahre nicht selbstverständlich, denn »Mädschen heiern jao doch!« Ein Mann aus Fränkisch-Crumbacher sprach es deutlich aus: »Ich häb gehäiet, du deescht mim Liesje noch Bieweraa ins Gymnasium fahrn. Dich kennt me nit heiern, du deescht buschdiern.« Studieren war gemeint, und dass man mich deswegen nicht heiraten könnte. Lehrerin zu werden war damals fast gleichbedeutend mit Zölibat. Vorwiegend waren es Töchter von durch Kriegswirren zugezogenen Familien, von Pfarrern und Lehrern und besonderen einheimischen Persönlichkeiten, die zum Gymnasium gingen. Ich war eine Ausnahme, als Tochter einer Bauernfamilie. Wir Mädchen strebten Berufe an und wurden z. B. Lehrerin, Apothekerin, Kindergärtnerin, eine wurde Pfarrerin, aber die meisten arbeiteten dann im Büro.

8. Episode

Während der Fahrt- und Haltezeiten wurden Ergebnisse der Hausaufgaben verglichen, Vokabeln abgehört, Schlager- und Micki-Maus-Hefte getauscht, Stadt-Land-Fluss gespielt und allerlei Schabernack getrieben. Der kesse Bernd hatte aus Jux die Mappe der hübschen Monika entführt. Je eifriger sie sich um die Rückgabe bemühte, desto mehr Spaß hatte er daran, die Mappe festzuhalten. Schlimm für Monika – den weiblichen »Geheimgegenstand« (eine Damenbinde) zwischen ihren Büchern sollte er keinesfalls entdecken. Es herrschte getrennte Sitzordnung in den Abteilen: zwischen de Weibsleid orre Gäns un de bleede Kerle. »Flamma« nannten mich die Buben, was mich besonders ärgerte, weil ich dann noch mehr errötete. Doch es bahnte sich auch manch zarte Beziehung an. Zwei davon in meiner Klasse, die zur Ehe bis heute führten. Oder man kennt sich einfach, heute noch, weil man mehrere Jahre mit

Das »Odenwälder Lieschen« in Gersprenz, 1949

dem gleichen Zug gefahren ist, z. B. den hübschen Jungen von damals, Herrn Kalberlah, der mir noch heute gut bekannt ist. Einmal im Jahr starteten wir mit dem »Lieschen« zur großen Klassenfahrt zu Jugendherbergen, z. B. nach Zwingenberg, Laubach in Oberhessen, Königstein im Taunus, Eberbach am Neckar und im letzten Schuljahr zur Skifreizeit in Obersdorf. Da warn die Gäns nit mäir die Gäns und die Kerle warn nit mäir bleed, eher war das Motto: Was sich liebt, das neckt sich!

9. Episode

Mit 17 Jahren, 1956, pfiff mir die Lok zum Start in die berufliche Ausbildung nach Rosengarten bei Worms, Groß-Umstadt, Bad Weilbach und Gießen. Zu den Ferien brachte mich das »Lieschen« immer wieder zur Heimatstation Nieder-Kainsbach/Fränkisch-Crumbach, bis ich 1962 mit 23 Jahren in Ober-Ostern in unserem landwirtschaftlichen Betrieb sesshaft wurde. Dort erwarb ich den Führerschein und bin seitdem mit dem Familienauto unterwegs.

Das »Lieschen« beförderte Frauen zur Arbeitsstelle und Mädchen zur Ausbildung. Es eröffnete für sie Chancen über den heimischen Herd hinaus. 77 Jahre, von 1887 bis 1964, war die Bahn »Tor zur Welt« fürs obere Gersprenztal.

Quelle

Aus den persönlichen Erinnerungen von Lina Keil, Reichelsheim/Ober-Ostern, geboren und aufgewachsen im Fränkisch-Crumbacher, Weiler Michelbach.

Ella, die Putzfrau im »Lieschen«

von Martina Schmitt

Szenisches Anspiel

(Ella singend, in Kittel, mit Putzeimer und Schrubber)

Lied: Ja, das Putzen und das Fegen,
das ist nie mein Fall gewesen.
Es war aber mein Leben,
manchmal fand ich es ganz schön daneben.

Putzen ist fein!
Putzen macht rein!

(geht im Raum herum, redet mit sich selbst)

Auf Ella, dein letzter Auftritt, dein letzter Putzauftritt im Lieschen. Heute ist das Lieschen das letzte Mal gefahren.

(zu den Zuschauern gewandt)

Sie kennen doch das Lieschen, das Odenwälder Lieschen? Die Odenwaldbahn, jeden Tag ist sie gefahren. Von Reichelsheim nach Reinheim und von Reinheim nach Reichelsheim, seit 1887. Und wissen Sie, warum das Lieschen Lieschen heißt?

(überlegt)

Also, die erste Frau ... nein, die Frau vom ersten Stationsvorsteher von Reichelsheim hieß Elisabeth ... na ja, wenn eine im Odenwald Elisabeth heißt, wird sie halt Lieschen genannt und deshalb haben die hohen Herren halt bestimmt, dass die Bahn auch Lieschen heißt. Für uns im Odenwald war es jedenfalls die Möglichkeit, in die Welt zu kommen. Von Reinheim sind wir nach Darmstadt gefahren, von dort nach Frankfurt und dann ab in die Welt.

(putzt weiter)
Ich hab ja nicht so viel von der Welt gesehen, nur einmal hab ich eine weite Reise gemacht, nach Königsberg. Da hab ich meinen Heinrich gesucht. Ich hab damals in Heilbronn gelebt mit den zwei Buben vom Heinrich, dem Wolfgang und dem Hans, und mein Mann ist verletzt gewesen vom Krieg, und ich habe ihn gesucht. Aber bis ich da war, war er längst tot und ich habe ihn nicht mehr gesehen, ich weiß noch nicht mal, wo er liegt.

Martina Schmitt als »Lieschen«-Putzfrau Ella

(geht herum, summt das Lied vor sich hin, bückt sich und hebt Sachen auf)
Was die Leut' für'n Dreck machen, kein Wunder, dass die Bahn stillgelegt wird.

(wieder zu den Zuschauern gewandt)
Ja, das war meine weiteste Reise.

(putzt weiter)
Und dann bin ich wieder nach Heilbronn zu meinen zwei Buben. Die hab ich mit übernommen, als ich den Heinrich geheiratet hab, denn seine erste Frau hat sich nie um die zwei gekümmert, hat ihm nur Schulden hinterlassen. Kennengelernt hab ich meinen Heinrich in Langensalza, das liegt in Thüringen, da komm ich nämlich her, und ich hab ihm geholfen und ihn unterstützt. Was wollt ich dann auch machen, geputzt hab ich, was anderes war nicht möglich. Ja und dann sind wir nach Heilbronn gezogen und ich hab wieder geputzt in so 'nem schnieken Büro. Hat aber gutes Geld gebracht. Und als mein Heinrich gefallen war und wir '44 ausgebombt wurden, bin ich mit den zwei Buben von Heilbronn nach Reichelsheim gelaufen, da war das Elternhaus vom Heinrich. Und ich bin da ein-

Ella Ihrig bei der Wagenreinigung, 1949

gezogen. Nicht gleich, das ganze Haus war ja voll mit Flüchtlingen. Wir kamen erst mal bei den Verwandten vom Heinrich unter. Und als wir dann endlich reinkonnten, musste ich ja auch zusehen, wie ich zu Geld kam … also habe ich wieder geputzt. Diesmal das Odenwälder Lieschen. Ne lange Zeit war's, 14 Jahre. Und jetzt fährt sie nicht mehr!

(seufzt)
... und ich brauch 'ne neue Putzstelle!

(Abgang singend)
Ja, das Putzen und das Fegen,
das war mein ganzes Leben.

(zu den Zuschauern gewandt)
Putzen ist fein!
Putzen macht rein!

Quelle/Literaturhinweise

Martina Schmitt führte im Sommer 2006 ein Interview mit Hans Ihrig, dem Sohn von Ella Ihrig.

Dascher, Georg/Kalberlah, Wolfgang: 100 Jahre Eisenbahn im Gersprenztal 1887 – 1987, Reichelsheim 1986

Dascher, Georg/Kalberlah, Wolfgang/Kepper, Sabine/Steckenreuter, Frank: Die Gersprenztal-Eisenbahn. Mit dem »Odenwälder Lieschen« von Reinheim nach Reichelsheim, Köln 2007

Die Frauschaft der Herrschaft – Adlige Odenwälderinnen und die Frauen, die ihnen dienten

Einleitung

Blaues Blut

große Hüte und kleine Handtaschen
wohlwollendes Winken, kurzes Kopfnicken
ein gütiges Lächeln
Herrscherinnen über Land und Leute
Blut fließt blau

(Gedicht: Werkstatt-Produktion)

Geschichte nutzen wir, um unser heutiges Leben in unserem Wollen und Wünschen, unserem Begehren zu gestalten. Geschichte ist nicht nur etwas für Archive, Museen und studierte Leute; Geschichte, das Wissen um die Vergangenheit, nährt unseren Mut, Alltagsthemen und Utopien kreativ zu leben. In diesem Selbstverständnis haben wir uns 2007 in der Frauengeschichtswerkstatt über das Schreiben von Gedichten dem Thema »Adlige Odenwälderinnen und die Frauen, die ihnen dienten« angenähert.

Königinnen-los

Thronfolge gesichert
ein Sohn wurde geboren
endlich der ersehnte Friede
... im Land und im Körper
denn: sieben Töchter spielen im Schlosspark

(Gedicht: Werkstatt-Produktion)

Ein wahrlich sperriges und zwiespältiges Thema.

Einerseits: das für uns Fremde – von vornehmer Herkunft zu sein, edel im Vergleich zum gemeinen Volk, in einem Selbstverständnis geboren zu werden, einer Gemeinschaft der Besten anzugehören. In der öffentlichen Erwartungshaltung zu stehen, vornehmes, großmütiges Verhalten zu zeigen. Hervorragende menschliche Eigenschaften, Talente, Tugenden, Tüchtigkeit auf unterschiedlichen Gebieten zu entwickeln.[1]

Werkstatt-Tag – Führung im Erbacher Schloss, v. l.: Anneliese Guttzeit-Gläser, Ima Krüger, Amarelle Opel (Kreisfrauenbeauftragte), Elke Bereiter, Barbara Linnenbrügger, Hildegard Bassler und Petra Willige-Friedrich von der Betriebsgesellschaft Schloss Erbach gGmbH

Andererseits: das Bekannte – Frau-Sein ist auch in Adelskreisen geprägt von Diskriminierung, Gewalt und festen Rollenzuschreibungen. Und die Geschichtsschreibung stellte uns vor die gleichen Probleme und Schwierigkeiten, das Leben der Frauen zu erkunden, wie es uns allgemein in der historischen Frauenforschung begegnet: Frauen

1 Vgl. Walter Demel: Der Europäische Adel. Vom Mittelalter bis zur Gegenwart, München 2005

kommen kaum vor und die Quellen sind meist tief verschüttet oder vernichtet.

Aber wir wollten nicht bei Klischees und Vorurteilen stehen bleiben, sondern uns auseinandersetzen und eigenen Fragestellungen nachgehen. Jede Teilnehmerin der Frauengeschichtswerkstatt begab sich gemäß ihrer Interessen auf die Spurensuche in die Vergangenheit.

Und wir fügten der Geschichte eine für uns wichtige Fragestellung hinzu: Wie leben die Frauen der Erbachischen Adelshäuser heute ihr Leben? Denn obwohl der Adelsstand in unserem gesellschaftlichen Gefüge offiziell keinen Platz mehr hat, gibt es sehr wohl noch Gräfinnen, Prinzessinnen und Fürstinnen. Die Yellow-Press lebt von ihnen und kleine Mädchen träumen auch heute noch den Prinzessinnen-Traum.

Wir können die Geschichte der Odenwälder adeligen Damen, ihrer Begleiterinnen und besonders der Frauen, die ihnen zu Diensten standen, keineswegs umfassend präsentieren. Sondern wir bieten einen kleinen Streifzug durch die drei Erbachischen Häuser Schönberg, Erbach und Fürstenau sowie der »Rodensteiner« in Fränkisch-Crumbach.

Adelige Damen und ihr Alltag

Fest
feiern, tanzen
laut, schnell, bunt
schön unterhaltsam – nein spannend
Leben

(Gedicht: Werkstatt-Produktion)

Darf ich Ihnen hier unsere »Gräfin von und zu Odenwald« vorstellen? Sie ist von der Reichelsheimer Künstlerin Mechtild Stöber entworfen und gearbeitet.

»Gräfin von und zu Odenwald«

Bei all der männlich geprägten Umgebung des Rittersaales im Erbacher Schloss, wo die Premiere stattfand, wollen wir mit ihr eine Verbindung schaffen zu den Frauen, durch die und für die wir sprechen.

So laden wir Sie zu einer spannenden Reise in eine für uns bisher unbekannte Welt ein und wünschen Ihnen eine informative, kurzweilige Zeit. Unterstützt haben mich bei diesem Vorhaben wunderbaren Frauen:

v. l. Elke Bereiter, Anneliese Guttzeit-Gläser, Hildegard Bassler, Ima Krüger und Martina Schmitt hier bei der Aufführung im Erbacher Schloss 2007.

Ursula Reuter (r.) und Lina Keil (2. v. l.) waren bei anderen Aufführungen dabei (hier in der Ev. Kirche in Fr.-Crumbach 2007).

Weitere Unterstützung erfuhr das Projekt durch die Betriebsgesellschaft des Schlosses Erbach sowie durch die Mitarbeiter und Mitarbeiterinnen der gräflichen Rentkammer in Erbach und der Ev. Kirchengemeinden in Fränkisch-Crumbach und in Hesseneck-Schöllenbach.

Bedanken möchten wir uns auch bei Dr. Monika Prinzessin zu Erbach-Schönberg, bei Graf Eberhard zu Erbach-Erbach und bei Gräfin Elisabeth zu Erbach-Fürstenau, dass sie uns Einblick in das moderne Leben adeliger Damen ermöglicht haben.

Ganz besonderer Dank gilt der Mitarbeit von Anja Hering, der Leiterin vom Kreisarchiv des Odenwaldkreises (l. Foto: 3.v. l.) und Petra Willige-Friedrich von der Betriebsgesellschaft des Schlosses Erbach (r. Foto: r.)

Imma

Eine der ersten adligen Frauen im Odenwald

von Barbara Linnenbrügger

Die erste Adlige, die sich in der Odenwälder Geschichtsschreibung findet, ist Imma. Die Forschung weist darauf hin, dass sie wohl eine Schwester von Bischof Bernhard von Worms gewesen ist.

Berühmt ist sie in unserer Gegend geworden, da sie Anfang des 9. Jahrhunderts mit ihrem Gatten Einhard von Aachen aus in den Odenwald zog. Wie Legenden und Sagen um die beiden belegen, sollen sie ein glückliches Paar gewesen sein. Wolfgang Hartmann schreibt über sie: So manche Sage hat sich im Laufe der Jahrhunderte um Einhard und Imma gerankt. Manche hielten sie für eine Tochter Karls des Großen.

Das Zusammenkommen des Paares ist mit folgender Erzählung verknüpft: Einhard habe durch sein Genie und seine außerordentlichen Fortschritte in den Wissenschaften das Zutrauen Karls des Großen in einem solchen Grad erworben, dass der Kaiser sich entschloss, ihm seine Tochter Imma zur Gemahlin zu geben. Diese habe dem schönen Deutschen einst eine nächtliche Zusammenkunft in ihrem Gemach gestattet. Während dieser Nacht sei aber tiefer Schnee gefallen. Damit sich Einhard beim Weggehen nicht durch seine Spuren verrate, habe Imma den Geliebten auf ihren Schultern über den Schlosshof getragen. Der früh erwachte Kaiser aber habe die romantische Gruppe wahrgenommen und, anstatt zu strafen, das zärtliche Paar verbunden.

Imma und Einhard

Die historische Forschung hat längst deutlich gemacht, dass Imma keine Tochter Karls des Großen war. Auch die Auffassung, Einhard und Imma seien die Stammeltern der Grafen von Erbach, ist dem Bereich der Sage zuzuweisen.

815 haben die beiden von Kaiser Ludwig dem Frommen, einem Sohn von Karl dem Großen, durch Schenkung die Mark Michelstadt sowie Besitz in der Gegend des heutigen Seligenstadt bekommen. Über ihr Leben und Wirken in Michelstadt-Steinbach und in Seligenstadt ist nichts Näheres überliefert. Sicher ist, dass Imma des Lesens und Schreibens kundig war und dass ihre Ehe kinderlos blieb.

Urkundlich belegt ist der Bau der Einhard-Basilika in Steinbach und die Übereignung von Michelstadt samt Zugehörungen durch Einhard und Imma 819 an die Reichsabtei Lorsch. 834 gründeten Imma und Einhard das Kloster Seligenstadt, dessen erster Abt Einhard 836 nach dem Tode von Imma wurde.

Imma ist heute in Seligenstadt in der klösterlichen Ministranten-Sakristei in einem großen Sarkophag bestattet. Einhard hat sie um vier Jahre überlebt. Er wurde neben seiner Frau bestattet. Offensichtlich hat sie im religiösen und später auch klösterlichen Rahmen ein bewegtes und glückliches Leben mit ihrem Mann geführt. Dies trifft bei Weitem nicht für alle Frauen der mittelalterlichen patriarchalen Gesellschaft zu.

Literaturhinweise

Hartmann, Wolfgang: »Der ›Einhardweg‹ von Michelstadt nach Seligenstadt«, in: Odenwälder Jahrbuch für Kultur und Geschichte 1997, Erbach 1997

Hartmann, Wolfgang: »Kloster Machesbach und frühmittelalterlicher Adel im Bachgau«, in: Aschaffenburger Jahrbuch, Bd. 16, Aschaffenburg 1993

Hess. Vereinigung für Tanz und Trachtenpflege Reichelsheim: Was uns der Odenwald erzählt, Bd. 1, Reichelsheim 1996 (Reprintausg.)

»Seligenstadt – Im Sarkophag von Einhard und Imma«, in: Rhein-Main-Zeitung vom 14.9.2005 (www.faz.net)

Die Schenkin von Erbach

von Elke Bereiter

Guten Abend verehrte Frauen, verehrte Männer,

mein Name ist Elke Bereiter. Ich wurde hier in Erbach geboren, ich bin im Stammbuch meiner Familie eingetragen, und ich habe verschiedenste Identitätsnachweise, vom Personalausweis über Urkunden bis zum Führerschein. Wenn Ihnen noch nicht Hören und Sehen vergangen ist, können Sie mich alle sehen und hören, und da Sie nun auch meinen Namen kennen, stimmen Sie mir sicher zu, wenn ich sage, dass ich existiere. Schön! Und da ich den einen oder anderen Artikel in Büchern veröffentlicht habe, gehe ich mal davon aus, dass nach meinem Tod noch ein paar meiner Gedanken weiter existieren werden.

Leider ist das nicht immer so. In der patriarchalen Geschichtsschreibung werden Frauen überwiegend als »Tochter von«, »Schwester von«, oder »Ehefrau von«, seltener als »Mutter von«, also in der Regel durch irgendein männliches Wesen bezeichnet. Frauen werden über diese Nebensächlichkeit definiert, und wenn ein-, zweihundert Jahre ins Land gegangen sind, oder auch weniger, ist nichts mehr über ihre Person, ihren Charakter, ihre Taten, ihre Ziele zu erfahren. Einfach aus dem Grund, weil es von niemandem aufgeschrieben wurde.

Von den Männern wissen wir noch Jahrhunderte später, wann sie welchen Krieg angezettelt, wann sie welches Land überfallen bzw. »erobert« haben und mit was sie sich sonst noch beschäftigt haben. Zusätzlich existieren dann noch ein paar Schmückungen im Namen, wie z. B. »der Große«, »der Starke« und so weiter und so fort. Die Frauen, die mit diesen Männern gelebt haben, werden evtl. am Rande erwähnt. Das war es dann auch schon, denn dann kommen die Geburtsdaten ihrer Kinder. Wenn sie Söhne hatten, und einer von ihnen wurde sozusagen »ein toller Hecht«, dann wird sie vielleicht noch das eine oder andere Mal als »Mutter von« erwähnt.

Jeder Mensch ist facettenreich, ein einzigartiges Kaleidoskop. Es gibt auf der ganzen Welt nicht mal zwei Menschen, die vergleichbar wären. Diese Einzigartigkeit wird den Frauen in der patriarchalen Geschichtsschreibung genommen.

Wir von der Frauengeschichtswerkstatt setzen ein Gegengewicht. Wir haben recherchiert und geforscht, um Frauen sichtbar zu machen. Frauen, die gelebt haben, die zum Teil noch leben. Damit sie nicht im Sand der Zeit untergehen.

Ich möchte Ihnen die Geschichte der Ursula Schenkin von Erbach erzählen, einer Frau, die nach den europäischen Adelsstammtafeln nicht existiert hat, deren Briefe sich aber im vatikanischen Archiv in Rom befinden. Ursula wurde um 1450 im Odenwald bei Erbach geboren und verbrachte ihre Kindheit, ihre Jugend und wahrscheinlich einen großen Teil ihres Erwachsenenlebens im Kloster – gegen ihren Willen. Als Kind wurde sie aus nicht bekannten Gründen von einem Verwandten der Schenken von Erbach, der auch namentlich erwähnt ist, den ich aber nicht namentlich erwähnen werde, ins Kloster Frauenalb gebracht. Später brachte er sie ins Kloster Fraumünster nach Zürich.

In den Aufzeichnungen des Klosters sowie in ihren Anträgen an den Papst mit der Bitte, doch vom Klostergelübde befreit zu werden, zeichnet sich das Bild einer Frau ab, die aus Gründen, die nicht nachzuvollziehen sind, von ihrer Familie gezwungen wurde, ein Leben hinter engen, hohen Mauern, unter starren Richtlinien und Verboten zu verbringen.

Eine Frau, die immer wieder betonte, dass sie unfreiwillig ins Kloster kam, und die von ihren Verwandten sogar mit dem Tode bedroht wurde, als sie versuchte, das Kloster zu verlassen. Ursula versuchte auf allen ihr möglichen Rechtswegen, ihre Entlassung aus dem Kloster zu erreichen, um der Verfolgung und Exkommunizierung zu entgehen.

Stellen Sie sich das so vor: Im Mittelalter war es üblich, schon ganz kleine Kinder zum Arbeiten, Lernen oder für ihr ganzes Leben ins Kloster zu bringen. Das geschah nicht immer aus freien Stücken. Viele versuchten zu entkommen, um ihr Leben nach ihren Wünschen zu gestalten. Wurden sie dabei erwischt, folgten Strafen wie Kerkerhaft, körperliche Züchtigung und Hunger sowie Demütigungen aller Art. All diese Strafen standen unter dem Vorwand, das Seelenheil der Klosterflüchtlinge zu retten. Vielleicht auch, weil dieses sehr häufig geschah und dem Ruf des Klosters schadete, wurde innerhalb der Kirche beratschlagt, ob es legitim sei, schon Kinder dem Klosterleben zu weihen. Es gab dann eine Regelung: Kinder durften ins Kloster gebracht werden, arbeiteten und lebten dort. Waren sie dann volljährig (Mädchen mit 12 Jahren, Jungen mit 14 Jahren), mussten sie ihr Gelübde ablegen, wenn sie im Kloster bleiben wollten.

Die Jungen konnten dann sogar »Karriere machen«, sich zum Priester weihen lassen und in der Hierarchie aufsteigen. Den Mädchen, also den Nonnen, war im Prinzip alles außer arbeiten, beten und Demut verboten. Sie durften weder segnen, noch die Beichte entgegennehmen, geschweige denn eine Messe leiten. Schon damals wurden sie als »Bräute Christi« bezeichnet. Sie durften auch ein Frauenkloster verwalten und leiten, aber das war in der Regel nur einigen hochstehenden Adeligen erlaubt.

Für die, die vor dieser Regelung ins Kloster kamen und es gerne verlassen wollten, gab es die Möglichkeit, mehrere Formulare auszufüllen, in denen sie beweisen mussten, dass ihnen das Gelübde abgezwungen wurde. Konnten sie es beweisen und wurde von Kirchenseite dem Verlassen des Klosters stattgegeben, waren sie frei ein weltliches Leben zu leben.

Ursula Schenkin von Erbach schrieb drei solcher Anträge, einen reichte sie am 18. Oktober 1472 ein, den nächsten am 23. Mai 1475 und den letzten am 10. Oktober 1475. Ob sie die päpstliche Erlaubnis erhielt, das Kloster zu verlassen, ist nicht mit Sicherheit zu sagen. Möglich wäre es, denn in den Klosterakten ist sie ab einem bestimmten Zeitpunkt nicht mehr zu finden. Auch erwähnt sie in ihrem zweiten und dritten Antrag, dass sie mit einem Kleriker ein Kind habe.

Ich habe einige dieser Informationen aus dem Odenwälder Jahrbuch »gelurt«. Als der Vatikan vor ein paar Jahren für eine exklusive Auswahl von Geschichtsforschenden (meist waren es Männer) die Archive öffnete, wurde unter anderem auch über Frauen geforscht, die zwangsweise ins Kloster gebracht wurden. Unter ihnen tauchte die Erbacherin auf.

Was mich persönlich beim Lesen des Artikels entsetzt hat, ist, dass die komplette Verwandtschafts- und Abstammungslinie des Mannes, der Ursula ins Kloster brachte, dargelegt ist, sowie unzählige Einzelheiten über die Steuerzahlungen, Adressen und den beruflichen Werdegang des Mannes, mit dem Ursula ein Kind hatte. Über sie finden sich nur Auszüge aus ihren Anträgen, die eine oder andere Aufzeichnung, wieviel Geld sie im Kloster für was bezahlt hatte, und das war's.

Ach nein, das war es ja noch nicht! Der Aufhänger für die ganze Geschichte: Sie hat den Beischlaf mit jemandem vollzogen. Im Prinzip keine große Sache, ich denke, das ist eine natürliche Angelegenheit, die zwei Menschen tun können, wenn sie möchten. Mir ist immer wieder während meiner Recherchen über Frauen im Mittelalter und über die Kirche eine extrem sexistische Fokussierung aufgefallen, ja eine wahre Besessenheit von sexuellen Zwangsvorstellungen.

So mussten Nonnen im Mittelalter auf Anordnung der Kirchenmänner vollständig bekleidet und gegürtet schlafen, um nicht auf »unzüchtige« Gedanken zu kommen. Fragt sich nur, wer hier unzüchtige Gedanken hatte. Aus der Psychoanalyse ist bekannt, dass unliebsame Eigenschaften der eigenen Person anderen zugeschrieben werden und an ihnen bekämpft werden. Ähnliche Methoden finden Sie in der Geschichte des Dritten Reichs; doch auch ganz aktuell bedient sich die herrschende Klasse auf der ganzen Welt dieses Mechanismus', um die Massen gegeneinander aufzuwiegeln.

So muss ich meine Liste noch vervollständigen: Frauen tauchen in der patriarchalen Geschichtsschreibung auch ab und an als »Beischläferin von« auf.

Literaturhinweise

Ennen, Edith: Frauen im Mittelalter, München 1984

Kuhn, Annette (Hg.in): Frauen im Mittelalter, Bd. 2, Düsseldorf 1984

Vanotti, Barbara: »Die Flucht der Schenkin von Erbach aus der Fraumünsterabtei in Zürich«, in: »gelurt«. Odenwälder Jahrbuch für Kultur und Geschichte 2004, hg. vom: Kreisarchiv des Odenwaldkreises, Erbach 2003

Die adligen Frauen der Rodensteiner

von Barbara Linnenbrügger

Fränkisch-Crumbach hat nie zur Grafschaft Erbach gehört. Seit Anfang des 13. Jahrhunderts lebte und regierte dort die Familie der Rodensteiner. In der Chronik heißt es: »Das Geschlecht starb Mitte des 16. Jahrhunderts im Mannesstamme aus.« Was bedeutet, dass es keine männlichen Erben mehr gab. In einer patriarchalen Gesellschaftsordnung heißt das, dass die noch lebenden Frauen nicht mehr im öffentlichen Leben vorhanden sind. Nach dem beliebten Sinnspruch: Ein Fisch ohne Fahrrad ist wie eine Frau ohne Mann!

Details aus den Grabplatten in der Ev. Kirche zu Fränkisch-Crumbach: Anna von Boyneburg (l.o.); Anna von Rodenstein, geb. Baier von Boppard (l.u.); eine Jungfrau von Rodenstein (r.o.); die zwei Ehefrauen von Philip III. von Rodenstein: Margarete von Habern (r.M.) und Christine von Milchling (r.u.)

In der Kirche von Fränkisch-Crumbach sind einige der Grabdenkmäler derer von Rodenstein zu sehen. Die Männer waren Ritter, Amtmänner und Bischöfe. Die wenigen Zeugnisse der Frauen von Rodenstein belegen, dass sie vor allem viele Kinder gebaren.

Von Anna von Rodenstein und Lißberg heißt es: »Sie hatte mehrere Kinder.« Anna, geb. Baier von Boppard, schenkte vierzehn Kindern das Leben, von denen aber die Hälfte nicht über das Kindesalter hinauskamen. Anna, geb. von Boyneburg, gebar 16 Kinder. Es heißt, dass es Platzmangel auf der Burg gab. Belegt sind in den Quellen noch weitere Rodensteinerinnen: Margarethe, geborene von Habern; Christine, geb. von Milchling, sie hatte eine Tochter: Anna Katharina, die später in die Adelslinie derer von Gemmingen einheiratete, und Anna Dorothea, geb. von Neipperg. Einer der letzten Herren von Rodenstein war Georg Baltasar, ein Sohn von Anna, geb. Baier von Boppard. Er war bis 1583 Domherr von Trier, Worms und Würzberg. Und es heißt: Er war verheiratet und hatte drei Söhne. Der Name der Mutter der Söhne ist es noch nicht einmal wert, genannt zu werden. Wie hört sich eine Genealogie in weiblicher Linie an?

Die Damen und Herren von Rodenstein prägten mehrere Jahrhunderte hindurch die Gemeinde. Sie bewohnten die außerhalb des Ortes erbaute Burg und das Rodensteiner Schloss im Ortskern. Wenn wir uns die reichhaltigen Sagen und Mythen um das Geschlecht der Rodensteiner anschauen, fällt sofort auf, dass die Frauen dort eine zentrale Position einnahmen. In der Hauptsage, die mit dem Zug des »Wilden Heeres« weithin bekannt ist, hat eine Frau die entscheidende Handlungsgewalt. Sie hat die Macht, einen wirksamen Fluch auszusprechen, der auf dem Rodensteiner lastet, der Frau und Kind seiner Kampfeslust geopfert hat. Sie sprach:

Du hast deine Schwüre gebrochen,
Du hast deine Ehe entweiht;
Du hast deine Gattin gemordet,
Du hast deinen Knaben gewürgt.

Darum ziehe als scheußlicher Bote
Des Krieges im Lande herum,
Und künde dem ängstlichen Volke
Die künft'gen Verwüstungen an!

Quellen/Literaturhinweise

Dahl, Konrad: »Der Burggeist auf Rodenstein, oder der Landgeist im Odenwalde. Eine alte Volkssage«, in: www.ruine-rodenstein.de

Meisinger, Theodor: Der Rodensteiner, Darmstadt 1954

www.fraenkisch-crumbach.de

www.ruine-rodenstein.de

Marie Fürstin zu Erbach-Schönberg

von Ima Krüger

Mit den Memoiren der Fürstin Marie zu Erbach-Schönberg habe ich einen ganzen Tag und die darauffolgende Nacht zugebracht, so spannend war das Leben dieser Frau. Was mich an ihr beeindruckt hat, ist ihre hohe moralische Integrität, ihre Vorurteilslosigkeit und ihr starkes soziales Engagement. Das zeigt sich schon bei der 12-Jährigen, die in Darmstadt die Hochzeit ihrer Cousine Prinzessin Anna von Hessen mit dem Großherzog von Mecklenburg-Schwerin miterlebt. In ihrem Tagebuch schildert sie, wie schön die Braut aussah, wie prächtig das Festbankett war, und schreibt zuletzt: »Am meisten freute mich, dass die Stadt an diesem Tage hundertzwanzig Armen ein Gastmahl gab.«

1852 wird sie geboren als Tochter der Prinzessin Julie von Battenberg und des Prinzen Alexander von Hessen und bei Rhein, einem Sohn Ludwigs II., Großherzog von Hessen. Als sie Gustav Graf (später Fürst) zu Erbach-Schönberg heiratet, ist sie gerade 19 Jahre alt. Er ist elf Jahre älter als sie. Es wird eine harmonische, glückliche Ehe, aus der vier Kinder hervorgehen. Als junge Ehefrau auf Schloss Schönberg besucht sie Arme und Kranke im Dorf und richtet bald ein Ferienheim für erholungsbedürftige Darmstädter Frauen ein. Ein Kindergarten für dreißig bis vierzig Kinder zwischen zwei und sieben Jahren kommt dazu. Dieser Verantwortung für Menschen, denen es schlecht geht, fühlt sich Fürstin Marie Zeit ihres Lebens verpflichtet.

Marie Fürstin zu Erbach-Schönberg

Als ihre Kinder erwachsen sind und sie mehr Zeit hat, engagiert sie sich im »Internationalen Verein der Freundinnen junger Mädchen«, der 1877 auf einem Kongress in Genf von zweiundzwanzig Frauen aus sieben verschiedenen Ländern gegründet wurde. Im Laufe der Jahre wächst er zu einem 16 000 Mitglieder aus mehr als zwanzig Ländern umfassenden Netzwerk.

Marie Fürstin zu Erbach-Schönberg wird Landesvorsitzende für Hessen, dann, als Nachfolgerin der Gräfin Blumenthal, deutsche Nationalvorsitzende. In ihren Erinnerungen schreibt sie: »Freundinnen wollten diese Frauen den jungen Mädchen sein, ihnen nach Kräften in der Fremde die Heimat ersetzen, ihnen in allen Lebenslagen Schutz, Rat und Auskunft gewähren, ohne Unterschied der Nationalität, der Konfession oder der Geburt, und sie aufklären über die großen Gefahren, denen sie ausgesetzt sind, wenn sie unberaten in die Fremde gehen müssen, um ihr Brot zu verdienen.« Aus den Anfängen des Freundinnen-Vereins entsteht im Laufe der Jahre in Deutschland die Evangelische Bahnhofsmission, die eng mit der Katholischen Bahnhofsmission und dem Jüdischen Frauenbund zusammenarbeitet.

In Braunshardt gründet die Fürstin den Marienhof, ein Asyl für strafentlassene junge Frauen. Nach ihrer Heimkehr von einer längeren Vortragsreihe gibt es allerhand schwierige Ereignisse im Marienhof und die Fürstin schreibt: »Es ist immerhin wunderbar genug, wie wenig schlimme Erfahrungen wir bisher machten und im Allgemeinen lasse ich mich von meinem Grundsatz nicht abbringen, dass man mit Güte viel mehr erreicht als mit Härte und dass man an den guten Willen zur Besserung glauben muss, solange es nur irgend möglich ist. In den Jahren, in denen ich mich mit den Unglücklichen in den Gefängnissen beschäftigte und mit der interessanten Psychologie dieser weiblichen Wesen, … ist es mir mehr und mehr klar geworden, wie ich es früher schon andeutete: alles Unheil, alles Elend findet seinen Ursprung in der Kindheit, in der gewissenlosen

Behandlung der Kinder durch die Mütter. Fragt nach den Müttern, wenn die Töchter im Gefängnis sitzen, grabt der Wurzel nach!«

Auf internationalen Kongressen hält Fürstin Marie Vorträge über die Maßnahmen zur Bekämpfung des Mädchenhandels und inspiziert mit ihrem »Freundinnen-Verein« die Auswanderungshallen der Hamburg-Amerika-Linie, um sicherzustellen, dass auswanderungswillige junge Mädchen von den Pass-Ämtern an die Beratungsstellen des Vereins geschickt werden, um ihnen »mütterliche Beratung, Warnung und weitestgehenden Schutz zu gewähren«.

Vom Internationalen Kongress zur Bekämpfung des Mädchenhandels wird der Ausschuss für Schiffsfürsorge ins Leben gerufen, eine Einrichtung an Bord der Dampfschiffe, die die Arbeit der Bahnhofsmission ergänzen soll. Zu einer der beiden Vorsitzenden der deutschen Sektion wird Marie Fürstin Erbach-Schönberg bestimmt.

Ima Krüger bei Recherchearbeiten

Der Ausbruch des Ersten Weltkrieges 1914 kann die Arbeit des Freundinnen-Vereins und der Bahnhofsmission nicht aufhalten. Das internationale Netzwerk hält und vielen Frauen und jungen Mädchen, die durch die Kriegswirren in die unangenehmsten Lagen kommen, kann geholfen werden. Auf den letzten Seiten ihrer Memoiren schreibt die Fürstin: »Ich könnte noch manches erzählen, aber es würde zu weit führen. Es lag ein freudiger, friedlicher Charakter auf diesem Winter und dennoch fühlte ich – unabweisbar – ein gewisses Etwas in der Luft wie von kommendem Unheil und feldgrauem Säbelgerassel, ganz fern und unheimlich. Am 1. August kam dann das Grässliche, das Entsetzliche, was nie hätte kommen dürfen … 4. August 1914: Ich kann das Jubeln nicht hören, dies Jubeln in grenzenloser Verblendung; sie kommen mir alle vor wie Kinder, die mit

Flammen spielen ... 20. August: Der Wahnsinn wächst ... greift um sich, maßloser Siegestaumel. Will denn keiner kommen, der zur Vernunft mahnt, solange es noch Zeit ist? O mein armes Vaterland!«

Nach dem Ende des Ersten Weltkrieges bleiben der Fürstin noch vier Jahre. 1923 stirbt sie 71-jährig in Schönberg.

Literaturhinweise

Marie Fürstin zu Erbach-Schönberg, Prinzessin von Battenberg: Memoiren. 1852 – 1923, hg. von der Interessengemeinschaft Schönberger Vereine und vom Museumsverein Bensheim in Verbindung mit der Arbeitsgemeinschaft der Geschichts- und Heimatvereine im Kreis Bergstraße, Bensheim/Lorsch 1991

Marie Fürstin zu Erbach-Schönberg, Prinzessin von Battenberg: Entscheidende Jahre 1859 – 1866 – 1870. Aus meiner Kindheit und Mädchenzeit, Braunschweig 1921

Marie Fürstin zu Erbach-Schönberg, Prinzessin von Battenberg: Erklungenes und Verklungenes, Darmstadt 1923

www.wikipedia.org (Stichwort »Schloss Schönberg«)

»Prinzessinnen«

Fotos von den Werkstatt-Tagen: Wir üben uns im Prinzessinnen-Dasein.

Prinzessin
schön – eigensinnig
will nicht heiraten
recht hat sie wohl.
Frei?

Prinzessin
trauriges Kind
hat niemand zum Spielen
weil niemand ebenbürtig ist!
Ist das wichtig?

Prinzessin
wichtig – ein interessantes Leben?
oder doch nicht?
einsam – auf der Flucht
vor den Paparazzi

Prinzessin
schön – eigensinnig
will nicht heiraten
recht hat sie wohl.
Frei?

(Gedicht: Werkstatt-Produktion)

Dr. Monika Prinzessin zu Erbach-Schönberg

von Ima Krüger

Die Dame im dunklen Kostüm mit elegantem Seidentuch könnte ebenso gut die Managerin eines größeren Unternehmens sein, die Direktorin eines Gymnasiums, Museums-Kuratorin oder unentbehrliche rechte Hand eines mächtigen Wirtschaftsbosses. Das alles würde zu ihrem Erscheinungsbild passen. Aber sie führt eine interessiert lauschende Menschengruppe durch die Kelten-Ausstellung im Darmstädter Landesmuseum und erklärt sachkundig die außergewöhnlichen Funde aus dem Grab des Keltenfürsten vom Glauberg.

Sie ist eine berufstätige Frau wie viele Tausend andere auch, Mutter einer erwachsenen Tochter, promovierte Archäologin, und sie ist eine leibhaftige Prinzessin: Dr. Monika Prinzessin zu Erbach-Schönberg.

Dr. Monika Prinzessin zu Erbach-Schönberg

Als Kinder haben wir uns Prinzessinnen natürlich ganz anders vorgestellt: mit langem, rosa Seidenkleid und einem kleinen goldenen Krönchen auf hüftlangen blonden Locken. Und spätestens zum nächsten Faschingsfest haben wir mit Hilfe einer nähkundigen Mutter oder Großmutter versucht, unserem Prinzessinnen-Traum ein Stück näher zu kommen. Frau zu Erbach verrät uns, dass sie zu Fastnacht viel lieber Ritter oder Pirat gewesen wäre.

Die Prinzessinnen des 20. und 21. Jahrhunderts sind jedoch längst im Hier und Jetzt angekommen. Sie studieren, üben ihren Beruf aus, schicken ihre Kinder in den Kindergarten und auf öffentliche Schulen. Als Kind ist Prinzessin Monika jedoch nicht ganz so ungezwungen aufgewachsen wie ihre eigene Tochter.

Die Mutter von Prinzessin Monika stammte aus einer österreichischen Adelsfamilie, in der noch ein konservativer Erziehungsstil gepflegt wurde. Trotz oder gerade wegen ihrer strengen Erziehung hatte die Mutter der Prinzessin eine sehr aufgeschlossene Einstellung, was die Selbständigkeit von Frauen anging. Gerade hatte sie ihr Medizin-Studium angefangen, als ihre Eltern starben. Ihre sechs kleineren Geschwister mussten ins Waisenhaus, sie hat sich aber neben dem Studium immer um sie gekümmert.

Noch während ihres Studiums wurde sie im Zweiten Weltkrieg zwangsverpflichtet und hatte alle Aufgaben einer Stationsärztin zu erfüllen. Natürlich erwartete sie, genau wie ihr Ehemann, dass ihre Tochter Monika ebenfalls studierte. Diese wählte auch die Medizin und hatte schon als Schülerin in Abendkursen die kleine Krankenpflege-Ausbildung und das 3-monatige Krankenhaus-Praktikum erfolgreich abgeschlossen.

Allerdings lag damals der Numerus Clausus als Zugangsbeschränkung zum Medizinstudium bei 1,0. Deshalb entschied sie sich für die Archäologie, weil dies ebenfalls ein Beruf ist, der überall auf der Welt ausgeübt werden kann, womit ihr Vater zuerst gar nicht einverstanden war. Inzwischen sind Schaufel und Gummistiefel für sie genauso selbstverständlich wie elegante Garderobe.

Kochen hat die Prinzessin allerdings nicht gelernt. Ihre Mutter fand, das sei nun wirklich nicht nötig. In ihrem Elternhaus gab es ein Hausmädchen und eine Kinderfrau. Sie gehörten zur Familie, in dem Sinne, dass für sie gesorgt wurde, vor allem, wenn sie krank waren und später auch alt.

Dieses Sich-verantwortlich-Fühlen für die Menschen, die einem anvertraut sind, drückt sich wohl am Besten in dem bekannten Satz aus: »Adel verpflichtet.« Als Botschafterin der Zonta International Foundation setzt sich Prinzessin Monika ehrenamtlich für Frauenprojekte in der Dritten Welt ein.

Mit ihrem Mann, Dietrich Fürst zu Erbach-Schönberg, einem erfolgreichen Rechtsanwalt, lebt sie in Frankfurt am Main. Ihre Tochter war selbstverständlich im Kindergarten und besuchte öffentliche Schulen. Sie ist hochbegabt und studiert Bio-Informatik an einer thüringischen Universität. Prinzessin Monika bezeichnet sie als zielgerichtet, entscheidungsfreudig und in der studentischen Fachschaft sehr engagiert.

Die Kette von starken, selbstbewussten Frauen reißt also auch in der nächsten Generation nicht ab.

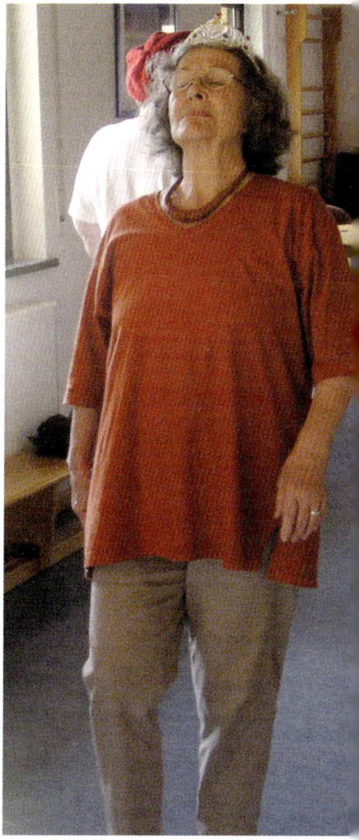

Ima Krüger übt sich im Prinzessinnen-Dasein bei den Werkstatt-Tagen.

Quelle

Interview mit Dr. Monika Prinzessin zu Erbach-Schönberg, geführt von Ima Krüger und Barbara Linnenbrügger in Darmstadt im August 2007.

Sophie Christine Charlotte Friederike Erdmuthe zu Erbach-Erbach

von Barbara Linnenbrügger

Die wahrlich erbaulichen Klänge aus dem »Liederbuch der Sophie Erdmuthe von Nassau-Saarbrücken«, die, wie es heißt, »keinen Anspruch auf eine Wertschätzung als Produkte hoher Kunst erheben«, hallten im 18. Jahrhundert sicherlich auch durchs Erbach-Erbacher Schloss. Malerei, Musik, Sprachen, Literatur gehörten zum Bildungsgut der gräflichen Familien. Es gab eine Hofkapelle, eine Bibliothek, einen Theatersaal.

In dieses standesgemäße kulturelle Umfeld wurde Sophie Christine Charlotte Friederike Erdmuthe zu Erbach-Erbach im Sommer 1725 von Sophie Charlotte zu Erbach-Erbach, geborene Gräfin von Bothmer, hineingeboren. Der Onkel, Graf Friedrich Carl, entwickelte besondere musikalisch-literarische Interessen, nahm bei Musikdirektor Telemann in Frankfurt am Main Unterricht und betätigte sich als Komponist von Kammermusik. Ihm hat Sophie Erdmuthe zu verdanken, dass sie ihre Kindheit und frühe Jugend in einer von Musik erfüllten Atmosphäre verbringen konnte.

Fürstin Sophie Christine Charlotte Friederike Erdmuthe zu Erbach-Erbach, um 1765

In späteren Jahren, als Fürstin von Nassau-Saarbrücken, unternahm sie häufig Reisen nach Paris an den Hof Ludwig des XV., hatte damit Zugang zu den höchsten Kreisen der französischen Gesellschaft und nahm regen Anteil am Pariser Kulturleben.

Die Fürstin Sophie Erdmuthe starb im Sommer 1795 in Aschaffenburg. In ihrem Nachlass befand sich eine kostbare Liedersammlung mit ausschließlich amourösem Inhalt. Die Notenhandschrift ist eine einzigartige zeitgenössische Quelle mit Chansons aus Opern und Singspielen, populären Komödien und dem Bereich der Volksmusik und Straßenmusik. Unter den Themenbereichen Hirtenidyll, Liebesglück, Eifersucht und Humoresken sind ausgewählte Stücke 2004 neu vertont worden.

Literaturhinweise/Quellen

Müller-Blattau, Wendelin: Zarte Liebe fesselt mich. Das Liederbuch der Fürstin Sophie Erdmuthe von Nassau-Saarbrücken, Saarbrücken 2001

Das Liederbuch der Sophie Erdmuthe von Nassau-Saarbrücken, Heidelberg 2004 (CD)

Marianne Kraus

Malerin und Hofdame im Hause Erbach-Erbach

von Hildegard Bassler

»21 ter Mai 1791. Das ist für uns alle ein merkwürdiger Tag. Wir standen förmliche Todesängste aus, denn die Rettung war mehr Glück als Vermutung. Ich dachte gar nicht mehr anders, als wir sehen die Welt zum letzten Male.«

Wer sich da am Ende seines Lebens wähnt, ist die Hofdame und Malerin Marianne Kraus. Ihre Lebensgeschichte ist in ihrem Tagebuch, das Helmut Brosch herausgegeben hat, aufgezeichnet. Setzen wir uns in die Zeit zurück, Marianne Kraus befindet sich auf der Italienreise in Neapel. Weiter geht es in ihrem Tagebuch, das ich in Auszügen wiedergebe:

»Um 5 Uhr früh fuhren wir in Gesellschaft des Prinzen Schwarzenberg bis Portici, wo wir uns bis zur Eremitage auf Esel transportierten. Das ging recht gut und sah sehr malerisch aus, so viele Leute zu Esel. Es geht ziemlich steil bis zur Eremitage. Weiter ist nicht anders als zu Fuß fortzukommen. Die Gräfin blieb auch da, zu unserer aller Wunsch. Die Gesellschaft wollte mich auch bereden, da zu bleiben, aber ich schüttelte den Kopf und nahm meinen Stab in die Hand. Dann gings über lauter Lava. An vielen Plätzen war sie noch ganz heiß, es kam einem eine Hitze entgegen, die nicht lange auszuhalten wäre. Nach einer Stunde kommt man an den Aschenberg. Man klitscht immer eine Elle zurück, wenn man eine halbe vorwärts geht. Ich hatte zwei massive Führer.

Die Freude, den Schlund vom Vesuv zu sehen, machte mir all meine Kräfte noch zusammenpacken. Aber so wie man nahe daran kommt, so wars wenigstens mir nicht weit zum Ersticken. Nun wollten wir den fürchterlichen Herrn Nachbar recht ordentlich ansehen. Wir gingen ganz an den Schlund, machten uns einen Stein zurecht, um zu schreiben. Wie Herr Graf die Feder ansetzte, fing der Held zu donnern an. Wir freuten uns dessen und fragten gar nichts. Aber keine Minute, so spie er. Mit der größten Forsche flogen brennender Schwefel, Steine, Asche hoch empor, es wurde ganz dunkel um uns her, auch in unseren Köpfen ein bißchen. Zweimal schaute ich mich so seitwärts um den Gast um, wie es aber so nah bei mir pratzelte, da hielt ichs für besser, auszureißen. Meinen Führer werd ich nie vergessen. Er deckte mich ganz mit seiner breiten Figur zu und ließ die Steine auf sich regnen. Er verließ mich nicht, wir rutschten fort, so viel wir konnten und kamen glücklich durch. Ich hab mir gar nichts anderes vorgestellt, als daß wir alle vesuvisch begraben würden.«

Marianne Kraus wurde als Tochter von Anna Dorothea Schmitt, die aus Miltenberg stammte, wo ihr Vater Senator, Steinbruchbesitzer und Kirchenbaumeister war, und Josef Bernhard Kraus, seinerseits kurmainzischer Amtskeller, was in etwa einem heutigen Landrat entspricht, am 8. Mai 1765 in Buchen geboren.

Marianne hatte dreizehn Geschwister, von denen sieben früh starben. Ihr älterer Bruder Josef Martin (1756?1792) war Musiker und Komponist und als solcher am schwedischen Hof als Kapellmeister, Leiter der Oper und Direktor der Kunstakademie tätig. Alle Kinder der Familie Kraus erhielten eine sehr gute Erziehung. Marianne bekam wie ihre Brüder Klavierunterricht und zeigte schon früh gute Anlagen für Musik und Malerei. Sie kam in ein Mannheimer Töchter-Institut, und vermutlich lernte sie schon zu dieser Zeit den Maler Ferdinand Kobell kennen.

Marianne Kraus, 1788

Anschließend wurde ihre Erziehung bei den Welsch-Nonnen in Mainz und bei der Malerfamilie Schütz in Frankfurt am Main vervollkommnet, wo sie auch Gesangs- und Klavierunterricht bekam. Marianne entwickelte sich zu einer hochgebildeten, kunstsinnigen jungen Dame, die erwog zu ihrem Bruder nach Schweden zu gehen, um mit ihm gemeinsam ihr Leben der Kunst zu widmen.

1790, 25-jährig, kam sie als Hofdame der zweiten Gemahlin des Grafen Franz I. zu Erbach-Erbach, Louise Charlotte Polyxene, geb. von Wartenburg, verw. Gräfin zu Erbach-Fürstenau, nach Erbach. Möglicherweise hatte dies Ferdinand Kobell über den mit Graf Franz bekannten Archäologen Andreas Lamey vermittelt. Es muss ein lebhaftes Treiben im Grafenhaus gewesen sein: Aus erster Ehe hatte Graf Franz sieben Kinder, die alle noch klein waren. Gräfin Charlotte hat keine Kinder geboren.

Im Museum in Buchen, Hildegard Bassler vor dem Porträt der Marianne Kraus

Hildegard Bassler und Helmut Brosch (Museumsmitarbeiter) arbeiten zu Marianne Kraus im Museum in Buchen.

Wir wissen und sehen es im Schloss in Erbach, dass Graf Franz I. ein Liebhaber der Antike war. Ein Großteil dessen, was wir hier in den römischen Zimmern vorfinden, wurde auf seiner zweiten Italienreise, von Januar bis Juni 1791, erworben.

Diese Reise, von der ich zu Beginn erzählte, auf der Marianne Kraus als Hofdame und Malerin die Herrschaft begleitete, war sicherlich der Höhepunkt ihres Lebens. Gereist wurde vierspännig, mit der eigenen Kutsche, von Poststation zu Poststation, wo jeweils Pferde und Kutscher gewechselt wurden. Als Bedienstete waren noch der Baumeister und Maler Wend, der Hofjäger Louis und der Kammerdiener Leidermann dabei. Während der Graf dem Hauptzweck seiner Reise, dem Erwerb der Antiken, nachging, zog es die Gräfin und mit ihr Marianne Kraus in Gemäl-

Das Original-Tagebuch

desammlungen und Galerien. Sie malten und zeichneten selbst. Mehr oder weniger verkehrten sie in Rom mit den selben Personen, die fünf Jahre zuvor Goethe getroffen hatte, wie z. B. mit dem Maler Johann Heinrich Tischbein.

Von besonderer Bedeutung war für Marianne Kraus die Gesellschaft der Maler Alois Ludwig Hirt, Wilhelm Friedrich Gmelin und Alexander Trippel. Mit Angelika Kaufmann, der bedeutendsten Porträtmalerin dieser Zeit, freundete sie sich an. Mit allen malte sie und vertiefte ihre Kenntnisse. Über die Freundschaft zu Angelika Kaufmann schrieb Marianne in ihren Tagebüchern: »Angelica mit Signor Zucchi war da, ich gewinn sie täglich mehr lieb und ihren Mann weniger.«

Das gesellschaftliche Leben in Rom war lebhaft. Getroffen wurde sich in den Salons, z. B. bei der Gräfin Solms, die Marianne mit dem Altertumsforscher und Maler Johann Heinrich Meier verkuppeln wollte, der 1792 von Goethe nach Weimar geholt wurde.

Hildegard Bassler als Marianne Kraus (l.) und Martina Schmitt als Helmina von Chézy

Am meisten profitierte sie jedoch von der Kunst des Landschaftsmalers Phillip Hackert, der in Neapel lebte. Sie schrieb: »Neapel, den 1. Mai. Ich habe lange nicht so gut geschlafen als heute. Und beim Aufstehen gleich das majestätische Meer gesehen und den Vesuv, der dem Himmel sein Morgenopfer dampfte, oh, das war göttlich. Um 11 Uhr fuhren wir zu Herrn Hackert … Da sah ich Sachen – er ist unstreitig der erste Landschaftsmaler, der in Italien und Deutschland existiert. Er war recht höflich gegen mich und versprach mir Kunsthilfe, die ich mit großem Dank annehmen will.« Ihr Bild »Italienisches Klösterchen« ist ganz in der Art Hackerts gemalt.

Der Malkasten

Wieder daheim blieb sie bis zu ihrer Heirat 1798 mit dem Erbachischen Hofrat Georg Lämmerhirt als Hofdame am Erbach-Erbachischen Grafenhaus. Mit ihrem Mann hatte sie vier Kinder. Gestorben ist Marianne Kraus am 24. Mai 1838 73-jährig in Erbach.

Und wenn Sie in das Museum ihrer Geburtsstadt Buchen gehen, sehen Sie dort das für mich schönste Ausstellungsstück, den Malkasten, den Marianne Kraus von Prinzessin Victoria, der späteren englischen Königin, als Geschenk erhalten hat.

Quellen/Literaturhinweis

In den Text ist ein Gespräch mit dem Buchener Museumsmitarbeiter Helmut Brosch eingeflossen.

Brosch, Helmut (Hg.): Marianne Kraus. Für mich gemerkt auf meiner Reise nach Italien im Jahre 1791. Reisetagebuch der Malerin und Erbacher Hofdame, Buchen 1996

»Joseph Martin Kraus« (Bruder der Marianne Kraus). Gedenkstätte im Bezirksmuseum Buchen.

Louise Gräfin zu Erbach-Erbach

von Barbara Linnenbrügger

Ihre Erlaucht Gräfin Louise Emilie Sophie zu Erbach-Erbach und von Wartenberg-Roth wurde am 30. Dezember 1819 im Schloss zu Erbach als erste Tochter und zweites Kind der Gräfin Anna Sophie, Tochter des Grafen Christian Karl zu Erbach-Fürstenau, und ihres

Gemahls, des Erbgrafen Karl Friedrich Ludwig Wilhelm zu Erbach-Erbach und von Wartenberg-Roth, geboren. Louises Mutter regierte nach dem frühen Tod ihres Mannes (Louise war 13 Jahre alt, als ihr Vater starb) über acht Jahre das Haus Erbach-Erbach, bis Louises Bruder die Regentschaft antreten konnte. Die Kindheit von Louise war davon geprägt, dass die finanzielle Lage des Grafenhauses äußerst traurig geworden war. Gräfin Louise erzählte später zuweilen davon, welche Einschränkungen sich damals ihre Eltern auferlegen mussten. Die große Einfachheit und Anspruchslosigkeit, die Gräfin Louise immer auszeichnete, hatte sie sich aus den Tagen ihrer Kindheit bewahrt.

Die sorgsame Erziehung der Gräfin Louise erfolgte unter der alleinigen Obhut ihrer Mutter. Mit ihrem Bruder Eberhard wurde sie von dem im Jahre 1824 zum Hofmeister berufenen Pfarrer Ludwig Wolff unterrichtet. Beide Geschwister hatten diesen Mann für ihr ganzes Leben lieb gewonnen und ihm stets ein ehrendes Gedenken bewahrt. Im Alter von nur 49 Jahren war Gräfin Louises Vater am 14. April 1832 verschieden. Nun ruhte die Erziehung und die Vormundschaft in den Händen der treu sorgenden und äußerst gewissenhaften Mutter, an der die junge Gräfin mit zärtlicher Liebe hing. Sehr gern verkehrte Gräfin Louise mit ihrer Mutter im gastlichen Schloss des Fürsten zu Leiningen in Amorbach und Waldleiningen. Dort lernte sie auch die Nichte der Fürstin, die Gräfin Josephine Wratislaw, kennen, mit der sie eine innige Freundschaft verband. Nach dem plötzlichen Heimgang ihrer Mutter im Jahre 1845 schloss sie sich noch inniger dem geliebten Bruder an und war, als die Schar der Neffen und Nichten immer größer wurde, diesen allen in herzlicher Liebe zugetan.

Im Herbst 1850 begab sich Gräfin Louise in das von dem weithin bekannten Pastor Fliedner geleitete Diakonissenhaus in Düsseldorf-Kaiserswerth, wo sie den Dienst an den Kranken erlernte. So mit praktischen Erfahrungen ausgestattet, konnte die Gräfin dann später einem ihrer Herzenswünsche nachkommen und ein Krankenhaus und Altersheim für weibliche Kranke in Erbach errichten, das nicht nur den in der engeren Grafschaft Erbach-Erbach wohnenden Hilfsbedürftigen zugute kommen sollte, sondern auch den sonstigen Bewohnerinnen des Odenwaldes. Die Gräfin hatte sich damit ein Betätigungsfeld geschaffen, dem sie sich voll und ganz hingeben konnte. In den ersten beiden Jahren war das Krankenhaus im sogenannten Kiefer'schen Hause in Erbach untergebracht. Im Jahre 1853 wurde in das alte, würdige Tempelhaus im Städtel umgezogen, das Graf Eberhard seiner Schwester eigens zu diesem Zweck überlassen hatte. In ihrem geliebten Krankenhaus war Gräfin Louise täglich etwa zwei Stunden tätig. Im Sommer kam sie wöchentlich einmal von Eulbach nach Erbach, um die Stätte ihrer Wohlfahrt aufzusuchen. Über 42 Jahre lang konnte sie ihrem Krankenhause vorstehen. Mit großer Freude feierte sie im Jahre 1876 das 25-jährige Jubiläum des Hauses. Im Jahre 1886 ging Gräfin Louise gerne auf die Bitte ihres Neffen, des regierenden Grafen Georg-Albrecht ein, das neu gegründete Erasmusstift, das männlichen Kranken dienen sollte, auch in ihrem Tempelhaus unterzubringen. Als Louisen- und Erasmusstift wurde es bis 1961 als Altersheim

Adlige Damen im Schlosshof in Erbach Ende des 19. Jhs., r. vermutlich Louise Emilie Sophie Gräfin zu Erbach-Erbach

fortgeführt. Es wurde zu gleichen Teilen von Männern und Frauen bewohnt und sowohl vom Grafenhaus als auch von der Inneren Mission betreut und verwaltet. Seit dem Herbst 1884 führte Louise mit ihren Nichten Sophie und Emilie im Erbacher Schloss einen gemeinsamen Haushalt.

In dieser Zeit unternahmen die drei viele schöne Reisen nach Skandinavien, Frankreich, England und in die Schweiz. An den Beständen im gräflichen Archiv ist auch nachzuvollziehen, dass Gräfin Louise eine sehr belesene Frau war. In ihrem Nachlass befand sich auch englische und französische Literatur.

Bis ins hohe Alter übte Gräfin Louise die Malerei aus. Mancher Altarschmuck legt Zeugnis ab von ihrer im Stricken und Sticken geübten Hand. Eine bescheidene, demütige Frömmigkeit ließ sie in getrostem Gottvertrauen durch die Welt gehen. Die letzten drei Jahre ihres Lebens musste Gräfin Louise viel leiden, doch ertrug sie alles in gläubigem Vertrauen und in stiller Ergebung. Im Januar 1894 setzte ein Verfall ihrer Kräfte ein, der ein baldiges Ende ahnen ließ. Dieses trat dann auch am 14. März 1894 ein.

Quellen/Literaturhinweise

In diesen Text floss ein Gespräch mit Peter Groh, dem Archivar des Hauses Erbach-Erbach, am 29.8.2007 ein.

Pfarrer Christian Müller: Geschichte des gräflichen Hauses Erbach-Erbach von 1818 bis zur Gegenwart, Bibliothek Familiengeschichtlicher Arbeiten Bd. XVII, Neustadt/Aisch 1955

Ordnung nach welcher der hohe Leichnam Weiland Ihrer Erlaucht der Gräfin Luise zu Erbach-Erbach und von Wartenberg-Roth in die Familiengruft des gräflichen Gestammthauses nach Michelstadt überführt wird (aus den Beständen des gräflichen Archivs Erbach, Rentkammer Erbach-Erbach)

Personalien der Weiland erlauchten und Frau Gräfin Luise zu Erbach-Erbach und von Wartenberg-Roth, geb. den 30. Dezember 1819, gest. den 14. März 1894 (aus den Beständen des gräflichen Archivs Erbach, Rentkammer Erbach-Erbach)

Margarethe Gräfin zu Erbach-Erbach

von Ima Krüger

Am 21. August 2003 starb eine Frau, um die ganz Erbach trauerte: Margarethe Gräfin zu Erbach-Erbach. Sie wurde 80 Jahre alt. Ihr Sohn, Erbgraf Eberhard, erzählte uns von seiner Mutter. Er sprach über sie sehr liebevoll und mit großem Respekt. Margarethe zu Erbach-Erbach war die Tochter des Fürsten Josias zu Waldeck-Pyrmont, also »Durchlaucht« und nicht »Erlaucht« wie die Erbach-Erbacher Grafen. Schon ihre Mutter war, wie der Graf anmerkte, »rebellisch« und wehrte sich gegen die strenge und konventionelle Erziehung im Hause Waldeck-Pyrmont mit Hauslehrern und ohne Kontakt zu Gleichaltrigen, die nicht aus adeligen Familien stammten. Tochter Margarethe lehnte das Standesdenken ab und erzog ihre Tochter Alexandra und ihren Sohn Eberhard zu »ganz ›normalen‹ Menschen«, wie Graf Eberhard betonte.

Margarethe Gräfin zu Erbach-Erbach

Sie besuchten in Erbach die Volksschule und später das Michelstädter Gymnasium, sie durften Freundinnen und Freunde mit nach Hause bringen, wann immer sie wollten, und es war ihnen erlaubt, bei anderen Kindern zu übernachten. Während des Krieges arbeitete die junge Margarethe als Nachrichtenhelferin und überlebte den Bombenangriff auf Dresden. Das Erlebnis dieser Bombennacht, die über so viele Menschen unendliches Leid brachte, veranlasste sie, dem Roten Kreuz beizutreten, um zu helfen, wo es notwendig war.

Nach dem Krieg, im Jahr 1952, heiratete sie Franz II. Graf zu Erbach-Erbach. Dem Roten Kreuz blieb sie treu und fand beim Erbacher DRK ein ideales Betätigungsfeld für ihr starkes soziales Engagement. Für andere da zu sein, sei ein Grundstein adeliger Erziehung, versicherte uns ihr Sohn.

Sehr beliebt bei der Bevölkerung war der jährlich zur Weihnachtszeit stattfindende Rot-Kreuz-Basar. Eine Erbacher Bürgerin erzählte mir begeistert von dem Trubel, der dann im Schloss in der Hirschgalerie herrschte, und wie gelassen und mit leichter Hand Gräfin Margarethe alles organisierte und lenkte. Oft ging sie zu Fuß durch die Stadt, wo sie alle kannten und wo sie fast alle kannte. Sie begrüßte Bekannte, blieb stehen und plauderte, erkundigte sich nach ihrem Wohlergehen und hatte für jeden Menschen, mit dem sie sprach, freundliche Worte; die Erbacher liebten ihre Gräfin. Im hohen Alter machten ihr die Beine zu schaffen und das Laufen fiel ihr schwer, aber sie hat nie geklagt. Ihr Geist war bis zum Ende hellwach. Zum Schluss unseres Gesprächs sagte Graf Eberhard: »Meine Mutter hatte Charisma. Man kann es nicht anders sagen. Und sie hat Güte ausgestrahlt. Sie war eine große Dame.«

Ima Krüger beim Vortrag in der Ev. Kirche in Fr.-Crumbach

Quelle/Literaturhinweis

Interview mit Graf Eberhard zu Erbach-Erbach, geführt von Ima Krüger und Barbara Linnenbrügger, Erbach im August 2007.

Streun, Elma: »Wohltätigkeit war ihre Sache«. Nachruf, in: Odenwälder Echo, 23.8.2003

»Beschließerin« und Hausmeisterin

Anfang des 19. Jahrhunderts im Schloss Erbach-Fürstenau

von Anneliese Guttzeit-Gläser

Szenisches Anspiel

Echo

Wer bin ich?	Beschließerin.
Was tu ich?	Den Besitz der Herrschaft wahren.
Wo arbeite ich?	Im Schloss.
Wann bin ich tätig?	Tag und Nacht.
Wie führe ich die Arbeit aus?	Mit Liebe und Hingabe.
Womit?	Mit Hirn und Hand.
Warum?	Um zu leben!

(Gedicht: Werkstatt-Produktion)

Heute bin ich müde. Was für ein Tag! Kurz nach 5 Uhr habe ich schon die frisch gemolkene Milch in Empfang genommen und aufgeschrieben und eben gerade die vom letzten Melken.

Heute war auch noch Waschtag! Gott sei Dank waren die Waschfrauen alle da und schon flink bei der Arbeit, ich brauchte nicht einzuspringen. Ich habe viel Zeit im Waschhaus verbracht, gebügelt und nach dem Rechten gesehen. Die schmutzige Wäsche hatte ich schon gestern gezählt und aufgeschrieben. Wir haben immer viel Wäsche, für die Herrschaft, die weiblichen Dienstboten, den Koch, den Küchen- und den Hundejungen. Die Jacken des Kochs sind oft so verfleckt. Gott sei Dank sind die anderen männlichen Dienstboten selbst für ihre Wäsche zuständig. Es wäre sonst fast nicht zu schaffen.

Jeden Sonntag bekommen alle Hausbewohner frische Handtücher, wenn sie die schmutzigen zurückgeben. In die Küche gebe ich jeden Tag frische. Die Tafeltücher und Servietten wechseln wir nach Bedarf. Und dann noch die Wäsche der Gäste ... und immer wird alles aufgeschrieben und kontrolliert, damit uns nur nichts verloren geht.

Das Silber habe ich geprüft, den Frühstückstisch gedeckt, die Schlafräume gelüftet. Der Prinz war heute säumig, so dass sein Zimmer erst während des Mittagsmahls gereinigt werden konnte.

Die Mägde habe ich angewiesen, die Zimmer für den Besuch vorzubereiten, die Schwester der Gräfin kommt. Die, die so schön malt. Da wird sich Erlaucht freuen. Die übrigen Räume habe ich auch reinigen lassen. Ein paar Spinnweben müssen noch entfernt werden. So vieles muss ich im Vorbeigehen selbst machen. Die Mädchen sind noch jung, sie werden es noch lernen. Ich muss ihnen halt alles ständig wieder erklären. Das Silberputzen geht ihnen auch noch nicht so recht von der Hand. Aber ordentlich gespült haben sie heute schon, nichts ist kaputtgegangen. Ich musste nicht zu Erlaucht gehen, um einen Schaden ins Büchlein eintragen zu lassen. Also auch kein Abzug am Salär für heute – und so arg geklappert hat es auch nicht, da ist Erlaucht etwas empfindlich und mit dem Garn und Zwirn ist sie auch recht sparsam.

Anneliese Guttzeit-Gläser als »Beschließerin« beim Auftritt in Erbach

Ich nehme wirklich nichts für mich selbst, aber nach jeder Wäsche ist doch so viel zu flicken. Heute bin ich allerdings nicht dazu gekommen, aber der Flickkorb wird nie leer. Das Schrankfach für die Seife ist auch schon wieder halb leer. Wir werden nächste Woche Seife kochen, damit sie genug Zeit zum Trocknen hat, denn wenn sie zu frisch ist, wäscht sie sich zu schnell weg. Außerdem sind die Behälter mit Fett, Talg und Asche voll. Ich muss wegen der Tagelöhnerin zum Seifesieden vorstellig werden, denn Erlaucht hat angeordnet, dass dies nicht von den Hausmädchen getan wird.

Die Mägde sind in dieser Woche noch mit dem Obstdörren beschäftigt. Aber nächste Woche müssen wir Kerzen ziehen. Der Eimer mit den Stumpen ist fast voll, aber ich werde auch vorher noch einmal alle Leuchter inspizieren, ob nicht noch hier und da ein Kerzenstümpchen steckt. Bald wird es wieder früher dunkel und Kerzen sind im Herbst und Winter besonders nötig. Ich halte noch ein paar Dutzend unter Verschluss. Wie ich überhaupt alles unter Verschluss halte. Sei es das Weißzeug, die Leuchter, die Bettdecken, das ganze Geschirr aus Porzellan oder Silber, kurzum alles Hausgerät. Geht mir ein Stück verloren, muss ich es erstatten, falls es nicht Erlaucht bekannt gegeben und ins Büchelchen geschrieben ist.

Lina Keil als »Beschließerin« beim Auftritt in Fr.-Crumbach

Der Sommer geht langsam zu Ende. Die Mägde haben die Betten gut gesonnt und geklopft. Aber die Möbel müssen wieder mal gebürstet und in den Schränken Lavendel aufgehängt werden, damit wir nicht die Motten bekommen. In einem solchen Haus geht einem die Arbeit nie aus …

So, jetzt sollte ich mich aber mal aufmachen, um nachzusehen, ob in der Küche alles sauber und ordentlich ist. Der Koch hat heute frei. In einem solchen Fall bin ich auch für sein Aufgabengebiet zuständig. Außerdem muss ich noch überprüfen, ob alle Fenster und Türen verschlossen wurden und ob die Mägde in ihren Zimmern sind und auch nicht zu viel Licht verbrennen.

Als Hausmeisterin und Beschließerin ist es halt meine Pflicht, auf Sparsamkeit, Ordnung und Reinlichkeit zu achten. – Und morgen kommt die Schwester der Gräfin ...

Sie wissen ja, Adelheid Prinzessin zu Hohenlohe-Ingelfingen.

Literaturhinweis

Anja Hering: »Die täglichen Beschäftigungen der Hausmeisterin sind folgende, Gräflich Erbach-Fürstenauisches Archiv zu Steinbach, Anfang des 19. Jhs.«, in: Odenwald-Heimat, mtl. Beilage des Odenwälder Echo, 83. Jg., Nr. 3/2008 (Abschrift)

Adelheid Prinzessin zu Hohenlohe-Ingelfingen

von Hildegard Bassler

1865 wurde die Quellkirche in Schöllenbach 400 Jahre alt. Der Patronatsherr, Graf Alfred, stiftete ein geschnitztes Sakramentshäuschen sowie ein Taufbecken und Prinzessin Adelheid zu Hohenlohe-Ingelfingen, Schwester der Gräfin Luise-Eleonore zu Erbach-Fürstenau, malte für die Quellkirche das 1,70 mal 2,20 Meter große Altarbild »Jesus und die Samariterin am Jakobsbrunnen«. Es ist die recht wertvolle Arbeit einer erfahrenen Künstlerin, die mehr als hundert Jahre in der Kirche hing, ehe sie, den Zeitläufen entsprechend, in den frühen 70er-Jahren des vorigen Jahrhunderts durch eine fotografische Abbildung des »Schöllenbacher Altars« ersetzt wurde. Fotografien verbleichen jedoch.

Zum Glück entdeckte Pfarrer Borck das Altarbild wieder und sammelte für dessen Restaurierung. 2002 kehrte das Altarbild in einem Festgottesdienst an den angestammten Platz zurück. Das

Thema des Bildes »Jesus und die Samariterin am Jakobsbrunnen« ist für die Quellkirche, die ehemalige Wallfahrtskirche, in der die Gläubigen um Kindersegen baten und deren Wasser noch heute im gräflichen Haus das Taufwasser ist, absolut passend gewählt. Der Jakobsbrunnen ist nach dem Evangelium des Johannes in Kap. 4 ein heiliger, traditionsreicher Brunnen, den der Erzvater Jakob seinem Volk, den Samaritern, gegeben hat. Er ist der Lebensquell für Mensch und Vieh. Das Bild zeigt, dass Adelheid zu Hohenlohe-Ingelfingen dieses Thema sehr selbstbewusst umgesetzt hat.

Hildegard Bassler in der Quellkirche zu Schöllenbach vor dem Altarbild »Jesus und die Samariterin am Jakobsbrunnen«

Jesus ist mit seinen Jüngern auf dem Weg von Judäa nach Galiläa und kommt gegen die 6. Stunde, am frühen Abend, nahe der Stadt Sychar zum Jakobsbrunnen. Da kommt zur ungewohnten Zeit, es dämmert schon, eine Frau, um Wasser zu schöpfen. Will sie mit anderen nicht zusammentreffen, nicht mit ihnen reden? Aufgerichtet und selbstbewusst sieht die Frau aus Samaria Jesus an. Ihr Wassergefäß auf dem Kopf überragt ihn. Er bittet sie: »Gib mir zu trinken.« Sie aber antwortet: »Du bittest mich um etwas zu trinken, der du ein Jude bist und ich eine samaritische Frau?« Die jüdische Bevölkerung hatte keine Gemeinschaft mit der samaritischen. »Gib mir zu trinken«, mit diesem Satz knüpfen Menschen seit alters her Kontakte. Es ist der Satz, mit dem in der Bibel, in Märchen und Sagen, in der klassischen Literatur der Freier um die Jungfrau wirbt. »Gib mir zu trinken« heißt: Gib mir Nähe, Freundschaft, Zuneigung. Die Frau aber hat ihren Stolz, sie lässt sich nicht auf ihn ein. Er sagt: »Wenn du erkenntest die Gabe Gottes und wer der ist, der zu dir sagt, gib mir zu trinken, du gäbest ihm und er gäbe dir lebendiges Wasser.« Das bedeutet: Die Frau selbst ist ein Brunnen, eine lebendige Quelle. In ihr entsteht das Leben, ein eigenständiges, unverwechselbares. Die Frau am Brunnen, die Frau als Brunnen, wird von Jesus gesehen in ihrer schöpferischen Eigenmacht. Und diese Szene hat Adelheid zu Hohenlohe-Ingelfingen ausgewählt.

Das Bild legt auch Zeugnis ab von ihrer Kompetenz als Malerin. Ich konnte leider nicht herausfinden, wer ihre Lehrmeister waren und wie sie insgesamt ihr Leben gestaltete. Sie ereilte das Schicksal der meisten Frauen dieser Zeit, deren Leben nicht Wert erachtet wurde, dokumentiert zu werden. Wir wissen viel vom Großvater, vom Vater, vom Bruder, aber ihrer Person können wir nur in ihrem Werk näherkommen. Geboren wurde Adelheid zu Hohenlohe-Ingelfingen am 13. Mai 1830 in Koschentin in Schlesien. Ihre Schwester Luise-Eleonore hat 1859 24-jährig den zweiundzwanzig Jahre älteren Grafen Raimund Alfred zu Erbach-Fürstenau geheiratet, und Emilie Luise Sophie Gräfin zu Erbach-Fürstenau war ihre Tante.

Hildegard Bassler (stehend) beim Vortrag in der Ev. Kirche in Fränkisch-Crumbach

Adelheid besuchte im Februar 1865 ihre Schwester im Odenwald, da war sie 35 Jahre alt. Sie kam von weit her angereist, aus dem äußersten Südosten des damaligen Deutschen Reiches, dem oberschlesischen Kohlerevier, wo ihr Vater Adolf zu Hohenlohe-Ingelfingen die Herrschaft Koschentin besaß, mit Kohlegruben, Hochöfen und fünf Rittergütern. Ein weiter Weg, wenn auch schon mit der Eisenbahn, die seit einigen Jahren Kattowitz mit der Welt verband, wenn auch noch nicht ganz bis in den Odenwald. Adelheids Schwester hat neun Kinder geboren, von denen bis auf ein Zwillingspärchen, das kurz nach der Geburt verstarb, alle erwachsen wurden. Ein Frauenleben mit vielen Kindern. Da ist der Besuch der älteren Schwester und lieben Tante sicher erwünscht. Wie das Altarbild zeigt, frönt Adelheid im Odenwald auch ihrer Liebhaberei an der Malerei und das sogar sehr gut.

Hildegard Bassler in der Werkstatt-Probe

Adelheid zu Hohenlohe-Ingelfingen verstarb am 15. Februar 1892 im Alter von 71 Jahren in Stuttgart. Einige Tage später wurde ihr Leichnam in der Familiengruft der Erbacher in der Stadtkirche in Michelstadt beigesetzt. Das Altarbild »Jesus und die Samariterin am Jakobsbrunnen« wird ihr Andenken noch lange aufrechterhalten.

Quellen/Literaturhinweise

In diesen Text ist ein Telefonat mit Silke Findeisen, Bibliothekarin der Bibliothek des Hauses Schlesien in Königswinter, im August 2007 eingeflossen.

Ebenso ein Gespräch mit Pfarrer Dieter Borck, Hesseneck, im August 2007.

Besucherinformationen zur Ev. Kirche Schöllenbach (Infoblätter)

Betreffend die feierliche Beisetzung Weiland Ihrer Durchlaucht der Prinzessin Adele zu Hohenlohe-Ingelfingen. Gräflich Erbach-Fürstenauische Rentkammer, Michelstadt den 18. Febr. 1892, Tit I, Vol. 133, Fasz. 8

»Hohenlohe-Ingelfingen« und »Koschentin«, in: www.wikipedia.de (Stand: August 2007)

Prinz Kraft zu Hohenlohe-Ingelfingen: Aufzeichnungen aus meinem Leben. Teil 1: 1848 bis 1856, Berlin 1897 (Prinz Kraft ist Adeles Bruder gewesen. Er hat in seinen Kindheitserinnerungen über seine Schwester geschrieben.)

Taddey, Gerhard: »Hohenlohe und Schlesien«, in: Jb. Univ. Breslau 29, Breslau 1988, S. 199-237

Die Dichterin und Autorin Helminia von Chézy
Gast in den Häusern Erbach-Fürstenau und Erbach-Erbach

von Martina Schmidt

Szenisches Anspiel

Das Nixchen[1]

Ein armes Nixchen taucht' empor,
Ihr war das Herz so wund,
Und ängstlich lauschte sie hervor,
Nichts Liebes that sich kund.
Sie sieht und seufzt und forscht
und singt,
Es ward ihr gar zu weh;
So munter drein das Vöglein klingt,
Will sterben in dem See.

Doch bald erhob sie schön und hell
Den starken Zaubersang,
Die Wellen kamen leicht und schnell
Und tanzten nach dem Klang.
Es hatte sich der Sang so mild
An Alles angeschmiegt,
Und ruhig lag das schöne Bild
In Schlummer eingewiegt.

Und sieh, beim frohen Lerchensang,
Wie Morgenrosen schön,
Der Jüngling durch die Blüthen drang,
Gar wonnig anzusehn.
Das bleiche Nixchen wurde roth
Und bald dann wieder bleich,
Und weint' in ihrer Liebesnoth,
Und lächelte zugleich.

Und sachte aus der blauen Bahn
Wundherzchen pochte laut,
Schlich zum Geliebten sich heran,
Versunken ihn beschaut;
Und seltsam wunderlich ihr ward,
Als sei's ein schöner Traum,
Es lockt das Kinn, so weiß und zart,
Der Lippen Rosensaum.

---

1 Aus: Die Deutsche Gedichtebibliothek – Gesamtverzeichnis deutschsprachiger Gedichte http://gedichte.xbib.de/Chezy_gedicht_Das+Nixchen.htm

Und auf des Jünglings Lippen zog
Ein lieblich Lächeln her,
Und lauter ward der Brust Gewog,
Wie wenn's ein Seufzer wär'.
Es lächelte so trüblich hold
Die Maid in seinen Traum,
Das Auge bald sie küssen wollt',
Und bald der Lippen Saum.

Doch wie sie hingebeugt noch zagt,
Des Träumers Odem trinkt,
Die Lippen nicht zu rühren wagt,
Im Blicke ganz versinkt,
Ein Mädchen durch die Blüthen dringt,
Die Zither lieblich stimmt,
Und munter zu dem Jüngling springt.
In'n schönen Arm ihn nimmt.

Das arme Nixchen sehen muß
In ihres Seees Grab,
Wie einen kühnen lauten Kuß
Die Braut dem Träumer gab,
Wie er sie dann so süß umschlang,
An ihren Blicken hing,
Und bei der Zither munterm Klang
Mit ihr von dannen ging.

Das Nixchen ward nun wieder bleich,
Ihr Weinen lange währt,
Ihr schönes stilles Freudenreich
War ihr so schnell zerstört.
Die Blumen standen noch am Strand
Und sahn so munter her,
Doch sie, die ganz verarmte, fand
Den Jüngling nimmer mehr.

Und in den Berg sie scheidend geht,
verstopft des Seees Quell,
Und trüb begrünt das Wasser steht,
Voreinst so blau und hell.
Und See und Nixchen war nun todt,
Der Ort blieb leer und wüst,
Nur blühten Blumen rosenroth,
Wo Blumen sich geküßt.

Gefällt es Ihnen?
Es ist mein neuestes Gedicht.
Mein Name ist Helmina, Helmina von Chézy, geb. von Klenke.
1783 bin ich in Berlin zur Welt gekommen. 68 Jahre habe ich gelebt.
Ich bin Dichterin. So wie meine Mutter, Karoline von Klenke.

Und meine Großmutter, Anna Louisa Karsch, Sie kennen doch sicher meine Großmutter, sie wurde die deutsche Sappho genannt, und bei ihr bin ich in Berlin aufgewachsen. Sie hat mich erzogen, und sie hat mich eingeführt in die hohe Kunst der Dichtung. Dankbar bin ich ihr, ich habe viel von ihr gelernt. Ich liebe Gedichte und schreibe gerne, so wie sie.

Martina Schmitt als Helmina von Chézy

Mein Leben war und ist sehr unstet, ich bin viel rumgekommen, oft umgezogen. Das erste Mal habe ich mit 16 Jahren geheiratet, Gustav von Hastfer, aber nach einem Jahr haben wir uns schon wieder getrennt. Ich bin dann im Jahre 1801 nach Paris übergesiedelt und habe dort gearbeitet als Korrespondentin für deutsche Zeitungen. In dieser Zeit habe ich meine Leidenschaft für das Schreiben und die Sprache entdeckt. Als ich dann ganz mutig war, habe ich eine eigene Zeitung herausgegeben: »Französische Miscellen«. Sie war ein voller Erfolg und ich habe dadurch viele Menschen und Schriftsteller kennengelernt. Unter anderen Friedrich Schlegel, der mich dann mit meinem zweiten Ehemann bekannt machte, dem Orientalisten Antoine Leonard de Chézy. Deshalb mein Name. Wir haben 1805 geheiratet. Fünf Jahre hat unsere Ehe gedauert. Mehr war sie auch nicht wert.

Helmina von Chézy, um 1820

Danach lebte ich abwechselnd in Heidelberg, Frankfurt am Main, Aschaffenburg, Darmstadt. In dieser Zeit habe ich den Odenwald kennen und lieben gelernt. Das Wandern, die Stille, die Landschaft, es hat mir gut getan als Ausgleich zum Trubel der Großstadt. Und ich holte mir hier immer wieder neue Inspirationen für meine Gedichte. Meine dichterischen Fähigkei-

Ursula Reuter als Helmina von Chézy

ten werden auf dem Lande auch sehr geschätzt, besonders in adeligen Kreisen.

Sowohl im Hause Erbach-Erbach als auch im Hause Erbach-Fürstenau wurde die Dichtkunst sehr gefördert. Beide Orte waren Pflegestätten für die Literatur, und ich durfte dort oft als Gast verweilen und meine Dichtkunst unter Beweis stellen. Als Dank habe ich den Fürstenauern ein Bühnenwerk geschenkt über Einhard und seine Frau Imma. Das Grafenhaus war begeistert über mein Talent.

Jetzt war ich lange Zeit nicht mehr hier, ich lebe in Dresden, aber es zieht mich immer wieder in den Odenwald zurück. Deshalb bin ich wieder mal hier in Steinbach zu Gast in Schloss Fürstenau. Ich bin nach wie vor ein gern gesehener Gast bei Hof, und mir zu Ehren wird gleich ein Empfang gegeben. Mein neuestes Buch »Handbuch für Reisende nach Heidelberg und Umgebung« ist soeben erschienen. Ich gebe in dem Buch ausführliche Informationen über Geschichte, Sehenswürdigkeiten und Ausflugsmöglichkeiten von Heidelberg und über die Bergstraße. Ich bin gespannt, wie das Buch aufgenommen wird. Und ich hoffe, es wird ein schöner Abend für mich.

Noch ein letztes Gedicht für Sie!

Ich bin so reich in deinem Angedenken

Daß ich mich nimmer kann ganz einsam nennen,
Nur wenn ich ganz mich kann hinein versenken,
Vergeß ich es, dass Tal und Flut uns trennen.
Will mir die Welt die eitlen Freuden schenken,
Ich fliehe sie, ich mag sie nimmer kennen,
Welt, Himmel, Lenz und Liebe sind vereint,
Wo mir dein Bild, ein süßer Stern, erscheint.

Literaturhinweise/Quellen

Chézy, Helmina von: Erinnerungen aus meinem Leben bis 1811, Berlin 1818

Chézy, Helmina von: Unvergessenes. Denkwürdigkeiten aus dem Leben, Leipzig 1858

Güterbock, Gotthilde: »Ach, wie wär's möglich dann ..., Zum 150. Geburtstag des Volksliedes«, in: Der Odenwald, Heimatkundliche Zeitschrift des Breubergbundes, Jahrgänge 6-10 (1959-1963)

»Helmina von Chézy«, in: www.wikipedia.org

»Rosamunde (Schauspiel)«, in: www.wikipedia.org

www.deutsche-liebeslyrik.de/chezy.htm (Verzeichnis der Gedichte von Helmina von Chézy)

Emilie Luise Sophie Gräfin zu Erbach-Fürstenau

von Barbara Linnenbrügger

Emilie (Amalie) Luise Sophie Gräfin zu Erbach-Fürstenau, geb. Prinzessin zu Hohenlohe-Neuenstein-Ingelfingen, erblickte am 20. November 1788 das Licht der Welt, 71-jährig ist sie am 1. Oktober 1859 gestorben.

Ihr Leben im Odenwald beginnt mit ihrer Heirat am 26. Juni 1810. Sie ist 22 Jahre, ihr Mann, Albert August Ludwig zu Erbach-Fürstenau, 23 Jahre alt. Gräfin Emilie hat ein sehr bewegtes Leben, das sich zwischen Kindern, sozialem Engagement, aber auch erbaulichem kulturellen Leben abspielt.

Dreizehn Kindern, fünf Töchtern und acht Söhnen, schenkt sie das Leben. Ihr erstes Kind, Emma Louise Sophie, kommt gut ein Jahr nach der Hochzeit, im Juli 1811, zur Welt. Nun wird sie ungefähr alle zwei Jahre ein Kind bekommen. Das letzte Kind hat sie 1832 mit 44 Jahren zur Welt gebracht.

Die soziale Verantwortung Alberts und Emilies wird in den Hungerjahren 1816/17 deutlich. Auf ihre Initiative werden Suppenküchen für die arme, hungernde Bevölkerung eingerichtet. Weiter lässt Gräfin Emilie 1817 eine weibliche Industrieschule in Michelstadt einrichten und auch eine in Beerfelden. »Wer Arbeit hat, hat auch Brot«, ist ihr Leitspruch. Sie initiiert eine Kleinkinderschule für die Gemeinde Steinbach in Fürstenau und gründet zum Andenken an den frühen Tod ihres Sohnes August ein kleines Krankenhaus in Michelstadt für Männer unter dem Namen Augusthospital.

Erwähnenswert sind weiterhin einige Stiftungen des Hauses in jener Zeit wie die Pestalozzi-Stiftung, die Witwen- und Waisenkasse, ergänzt durch die Albert- und Emilien-Stiftung anlässlich der Feier ihrer Silberhochzeit im Jahre 1835, an der auch die Ausstattung für ein unbescholtenes Paar gestiftet wird.

Auch kulturell engagiert sich das Haus: Familienmitglieder, Freunde und Dienerschaft finden sich oft zum gemeinsamen Theaterspielen zusammen, dessen Erlös bei öffentlichen Aufführungen für wohltätige Zwecke verwendet wird. Da kommt sicherlich das Theaterstück, das Helmina von Chézy für sie schreibt, gerade richtig.

In dem Aufruf, den Gräfin Emilie 1817 zur Gründung des Michelstädter Frauenvereins verfasst, schreibt sie: »Von dem Ausschuß des Armen-Unterstützungs-Vereins hiesiger Grafschaft erhielt ich den ehrenvollen Auftrag, die Leitung und Errichtung einer Arbeits-Schule für den weiblichen Theil der Einwohner zu übernehmen, um dadurch dem Hange zum Müßiggange vorzubeugen und bey der Jugend mehr Sinn zu zweckmäßiger Betriebsamkeit, zu mehr Sittlichkeit und Religion zu erwecken. In Gemeinschaft mit meiner Frau Schwiegermutter unterziehe ich mich mit wahrem Vergnügen und Eifer diesem Geschäfte, und wir ersuchen sämmtliche geehrte Frauen des Bezirks, sich mit uns zu verbinden, um mit vereinten

Kräften zu einem so wohlthätigen Zwecke zu wirken und dem Vertrauen zu entsprechen, welches die Mitglieder des Unterstützungs-Vereins in uns gesetzt haben.«

Anfangs beaufsichtigen und unterrichten die »ehrenvollen Frauen« des Vereins die Mädchen, später werden vom Verein auch »Lehrgehülfinnen« eingestellt. Es heißt: »Diese Arbeits-Schule durch abwechselnde persönliche Aufsicht zu beleben und, was nach den Verhältnissen einer jeden Frau möglich ist, an Arbeits-Gelegenheit und Arbeits-Verdienst dieser Arbeits-Schule und denen darinn aufgenommenen armen Mädchen zuzuweisen, auch denjenigen Mädchen, welche sich durch Ordnung, Fleiß und Gelehrigkeit auszeichnen, zu ihrer weiteren Ausbildung nach Zeit und Gelegenheit behülflich zu seyn.«

In der Arbeitsschule, die auch Strickschule genannt wird, fertigten die Schülerinnen so manches Kleidungsstück zum Verkauf. Rechnungsbücher aus den ersten Jahren belegen:

1 Unterrock für Komtess Emma	2 Gulden 45 Kreuzer
6 Kappen gingen nach Gundelsheim	1 Gulden 24 Kreuzer
4 Paar Socken für den Grafen Louis	2 Gulden 32 Kreuzer
1 Röckchen für Direktor Scheuermann	1 Gulden 36 Kreuzer

2 Paar Handschuhe kosten nur 30 Kreuzer.

In diesen Büchern finden sich auch detaillierte Angaben über den Einkauf von Materialien wie Wolle, Baumwolle, Leingarn, Stickseide und Perlen. Ein erster Einblick in die reichhaltigen Akten der Schule belegt, dass es sie 1911 noch gegeben hat.

Literaturhinweise/Quellen

Aufforderung zur Bildung einer Strickschule, welche die Errichtung einer Arbeitsschule für Mädchen bezwecken soll, 1817, Gräflich Erbach-Fürstenauisches Archiv, Tit. II Vol. 89 Fasz. 2

»Das am 1. Oktober 1859 erfolgte Ableben Ihrer Durchlaucht der verwitweten Fürstin Emilie«, Nachruf, Tit I Vol 17 Fasz 309 –

Elisabeth Gräfin zu Erbach-Fürstenau

von Ima Krüger

»Du bist de Bebbes! Oder sin Sie net von hier?«, fragte ein alter Mann Gräfin Elisabeth von Erbach-Fürstenau, als die Zwanzigjährige – nach zehn Jahren in Brasilien – 1949 zum ersten Mal wieder durch ihren Heimatort Steinbach spazierte. Dass die Gräfin immer noch »de Bebbes«, das Elisabethchen war, zeigt die selbstverständliche Verbundenheit der Steinbacher mit »ihrer« Grafenfamilie. Schon Elisabeths Großvater hatte Park und Schlosshof für die Steinbacher Bevölkerung geöffnet. Die Leute gingen im Park spazieren und ruhten sich auf den Bänken aus, im Schlosshof spielten die Grafenkinder einträchtig mit den Kindern aus dem Dorf.

In die Dorfschule ging Gräfin Elisabeth nicht; ihr Großvater hatte bereits den Dorfschullehrer Müller als Hauslehrer für seine Kinder engagiert, der später auch die Enkelkinder unterrichtete.

Aufführung im Erbacher Schloss im Juli 2008, v. l.: Hildegard Bassler, Anneliese Guttzeit-Gläser, Gräfin Elisabeth zu Erbach-Fürstenau, Barbara Linnenbrügger, Ima Krüger, Martina Schmitt

Von Lehrer Müller spricht die Gräfin noch heute voller Hochachtung. Von ihm lernte sie: Bemitleide dich nicht selbst, akzeptiere das, was sich nicht ändern lässt, und geh deinen Weg.

Mit Stolz blickt Gräfin Elisabeth auf viele starke Frauen in ihrer Familie zurück: Mutter, Großmutter, Tanten; Frauen, die einen Beruf lernten oder anderen Frauen halfen, zu lernen. All dies in einer Zeit, als das noch längst nicht selbstverständlich war. Das waren Frauen, die sich durchsetzten und auf eigenen Füßen stehen konnten.

So z. B. ihre Urgroßmutter: Früh verwitwet, schwanger mit dem letzten Sohn und verantwortlich für einen durch die Napoleonische Zeit überschuldeten Besitz, verzagte sie nicht, sondern rettete für ihren minderjährigen Sohn das Erbe. Mit Umsicht, sparsamster Lebensführung und einem von ihr ausgesuchten Berater, übergab sie das Erbe schuldenfrei an Gräfin Elisabeths Großvater.

Eine ihrer unverheirateten Tanten, geboren 1903, lernte zuerst Gartenbau, später dann wurde sie bekannt für ihre erfolgreiche Hundezucht. Mit ihrem Auto, sie hatte den Führerschein schon in frühester Jugend gemacht, fuhr sie bis zu ihrem achtzigsten Lebensjahr kreuz und quer durch Europa zu den entsprechenden Ausstellungen. In der schweren Notzeit nach dem Zweiten Weltkrieg half ihr ihre Ausbildung als Gärtnerin, die Familie zu ernähren.

Der Steinbacher Kindergarten, der »Frauen-Verein zur Errichtung einer Arbeitsschule für den weiblichen Theil der Einwohner«, das sind Einrichtungen, die auf die Initiative von Gräfin Elisabeths Vorfahrinnen zurückgehen.

Sie selbst hatte nicht das Glück, sich einen Beruf aussuchen zu können. Als sie mit ihrer Familie während des Krieges in Brasilien lebte, musste sie die geliebte Schule verlassen, um im Schnelldurchlauf Stenografie und Schreibmaschine zu lernen, damit sie mit ihrem Gehalt die Haushaltskasse aufbessern konnte. Sie hat sich nicht bemitleidet, sondern angenommen, was sich nicht ändern ließ, und das Beste daraus gemacht. Ihr war dabei immer bewusst, wie privilegiert sie aufwuchs, in einem Land ohne Bomben, Vertreibung und Hunger.

In unserem langen Gespräch kamen wir auch auf den Tod zu sprechen und sie sagte: »Davor habe ich keine Angst. Dieses Haus steht seit 700 Jahren. So viele Menschen sind darin geboren und gestorben, eine lange Kette von Menschen, und ich bin nur ein Steinchen dieser Kette und wenn ich nicht mehr bin, wird das Haus immer noch stehen. Also, wovor soll ich mich fürchten?«

Als wir sie fragten, ob die Traditionen ihres Hauses auch heute noch wichtig seien, antwortete sie: »Oh ja, selbstverständlich. Traditionen zu bewahren bedeutet ja nicht, die Asche zu beweinen, sondern das Feuer am Brennen zu halten. Und zu dieser Tradition gehört auch das Weitergeben von Stärke, Werten und Verantwortungsbewusstsein, von Generation zu Generation, an Männer und Frauen gleichermaßen.«

Dieses Vorhaben möge der Familie der Grafen und Gräfinnen von Erbach-Fürstenau auch in weiterer Zukunft gelingen.

Quelle

Diesem Text liegt ein Interview mit Gräfin Elisabeth zu Erbach-Fürstenau zu Grunde, geführt von Ima Krüger und Barbara Linnenbrügger in Michelstadt-Steinbach, August 2007.

Frauengeschichten aus dem Soloprogramm »Wo wilde Weiber wohnen«

Einleitung

In den ersten Jahren meiner Frauengeschichtsspurensuche im Odenwald habe ich unter dem Titel »Wo wilde Weiber wohnen – Frauengeschichten rund um den Odenwald« ein erstes Soloprogramm zusammengestellt und bin damit »auf Tour« gegangen. In Veranstaltungen von Frauenbeauftragten, in Kirchengemeinden, bei den Landfrauen oder in Geschichtsvereinen habe ich die großen und kleinen Geschichten vorgetragen und fand große Resonanz und immer wieder die Aufforderung weiterzuforschen. Manche Aspekte vorgetragener Geschichten oder Ideen für neue Themen oder Frauengestalten kamen aus dem Publikum.

Als dann 1998 die Einladung der Frankfurterin Dagmar von Garnier kam, zum Jahrtausendwechsel ein großes »Fest der 2000 Frauen« in der Alten Oper in Frankfurt zu feiern, lud ich zu einer Informationsveranstaltung darüber nach Fränkisch-Crumbach ein. Im darauffolgenden Aufruf zu einer neugegründeten Frauengeschichtsgruppe hieß es: »Aus den Informationsveranstaltungen zum FEST DER 2000 FRAUEN hat sich eine offene Frauengeschichtsgruppe gebildet. Wir haben festgestellt, dass wir uns regelmäßig treffen wollen, dass das FEST DER 2000 FRAUEN aber nicht alleiniger Inhalt der Abende sein soll, da wir die vielfältigsten Interessen im Rahmen von Geschichten von Frauen und Frauengeschichte haben. So waren bisherige Themen u. a. Frauenportraits unterschiedlicher Zeiten, Frauen im Märchen und wir sind der Frage nachgegangen, welche Frauen uns persönlich in unserem Leben wichtig waren und sind. Kreis, Spirale, Labyrinth haben wir erkundet und die Spuren der Wilden Weiber aus dem Odenwald gefunden. An jedem Abend wollen wir weiterhin das Netzwerk unter uns knüpfen; es soll Raum und Zeit für den persönlichen Austausch und für Neuigkeiten und Wissenswertes u. a. auch über die Vorbereitungen des »Festes der 2000 Frauen« geben. Hierzu laden wir alle interessierten Frauen – Mütter, Töchter, Freundinnen, Nachbarinnen, Schwestern, Unbekannte und Bekannte – ein.« Leider gibt es diese Gruppe nicht mehr. In einem abschließenden Infoblatt stand: »Wir trafen uns weit über 2 Jahre jeden 2. Mittwoch im Monat im Ev. Gemeindehaus in Fränkisch-Crumbach. Helma, Ima und Barbara waren die Standhaftesten. So haben wir nun beschlossen, den Kreis aufzulösen, da das regelmäßige Interesse nicht mehr vorhanden ist. Es war eine gute Zeit in diesem Kreis. Viele Frauen haben sich darüber kennengelernt, das Netzwerk unter uns wurde mächtig erweitert und viele Themen wurden vorgetragen und besprochen. Aber, alles hat ein Ende und dauert nicht ewiglich!«

Im Rahmen des »Festes der 2000 Frauen« wurde das Kunstwerk »FRAUEN-GEDENK-LABYRINTH« ins Leben gerufen. Hier präsentieren 1000 lebende Frauen 1000 Frauen der Geschichte. Ich selbst habe die Geschichte der Reichelsheimerin Helene Göttmann dafür erforscht und ihr in diesem Labyrinth einen Gedenkstein gelegt. Diese Geschichte ist u. a. im Folgenden nachzulesen.

In diesem Kapitel sind die Geschichten versammelt, die in keine der späteren Werkstatt-Projekte Eingang fanden. Da sie aber wichtige Dokumente der Odenwälder Frauengeschichte sind, sollen sie hier einen Platz bekommen. Sie sind teilweise im Rahmen der Odenwälder Erzähl- und Spielgemeinschaft Hollerbusch e.V. entstanden oder wurden von mir recherchiert.

Die Neesin aus Bromisch

von Ima Krüger

Unter den Frauen im Odenwald gab es viele, die sich nicht die Butter vom Brot nehmen ließen, so wie zum Beispiel die Frau des Zentschultheißen Nees aus Kirchbrombach, genannt »die Neesin«.

»Ich habe es satt, daß mein Mann sich untertänigst gefallen läßt, daß die Wertheimer Herrschaft schon seit einer Weile *vergißt* ihm sein Gehalt zu zahlen. Schließlich habe ich sieben unmündige Kinder zu ernähren und das kleine Vermögen, das ich von meinen Eltern geerbt habe, ist längst aufgezehrt. Nun hat auch noch das Gräfliche Haus in Erbach die Zahlungen eingestellt! Da reißt mir doch *endgültig* der Geduldsfaden. Mir bleibt ja nichts, als zu Fuß nach Wertheim zu laufen!«

Am 28. Februar 1772 traf sie im siebzig Kilometer entfernten Wertheim ein und wurde bei der Fürstlichen Regierung vorstellig. Was sie erzählte, wurde sorgfältig zu Protokoll genommen. Sie schilderte dem zuständigen Beamten ihre verzweifelte Lage. Zwar bat sie »fußfälligst« darum, seine Hochfürstliche Gnaden möge ein »gnädiges Augenmerk nehmen« auf die Verdienste ihres Mannes und ihm die »ehedem gnädigst bewilligte geringe Besoldung wiederum in Gnaden angedeyhen zu lassen«.

Ima Krüger erzählt

Aber sie ließ nicht locker und wich nicht von der Stelle, bis ihr Gesuch angenommen wurde. Stellen wir uns das mal vor: 1772 – in einer Zeit, in der Frauen sowieso nichts galten und keine Rechte hatten. Und dann noch siebzig Kilometer zu Fuß, mitten im Winter!

Ja, solche Frauen gab es im Odenwald!

Literaturhinweis

Dascher, Georg: »Ehefrau des Zentschultheißen reist nach Wertheim«, in: Odenwälder Bildblatt 5/84, Erbach 1984

Beginen im Odenwald

von Barbara Linnenbrügger

Szenisches Anspiel

(Schreibt einen fiktiven Brief aus dem Odenwald an ihre Dortmunder Freundin Ingrid, mit der sie lange Jahre nicht nur zum Thema »Beginen und die mittelalterliche Frauenbewegung« zusammengearbeitet hat.)

Liebe Ingrid,
es war wirklich eine gute Zeit in Dortmund, wie wir im »Spinnennetz«, der Frauengeschichtsgruppe, zusammengearbeitet haben. Es war schon spannend, die mittelalterliche Frauenbewegungsgeschichte zu entdecken und vor allem die Beginen.

So ist es wunderbar, hier im Odenwald genau an das anknüpfen zu können. Erste Forschungen haben ergeben, dass hier doch tatsächlich auch Beginen gelebt haben.

(ans Publikum gewandt)
Da muss ich Ihnen aber erklären, wer die Beginen waren, die mich

so begeistern: Die Beginenbewegung entstand im Mittelalter, in einer Zeit des Umbruchs und der Neuorientierung.

Als Beginen wurden religiöse Frauen bezeichnet, die ihre bisherigen Lebensverhältnisse verließen – unabhängig davon, ob sie verheiratet oder ledig waren –, um allein oder mit anderen Frauen ein geistliches, apostolisches Leben zu führen. Sie schlossen sich aber keinem Orden an und legten kein Gelübde gegenüber der christlichen Kirche ab. Sie lebten ein relativ selbstbestimmtes, autonomes Leben. Ihr Alltag wurde von ihren spirituellen Vorstellungen und gemeinsamer Arbeit geprägt. Sie übersetzten z. B. die Bibel in die Volkssprache, predigten, entwickelten eine eigene Mystik und gingen, um ihren Lebensunterhalt zu verdienen, handwerklichen und sozialen Tätigkeiten nach.

(murmelt: Jetzt muss ich aber mal sehen, dass ich meinen Brief weiterschreibe ...)
Da habe ich in einem Buch doch einen wichtigen Zeitzeugen gefunden, der Chronist Matthäus von Paris schrieb Mitte des 13. Jahrhunderts: »Die Anzahl gewisser Frauen, die das Volk Beginen nennt, mehrt sich, vor allem in Deutschland, bis zu tausenden und abertausenden in unglaublicher Weise.«

Barbara Linnenbrügger bei ihrem Vortrag

(ans Publikum gewandt)
Die Beginen lebten in Konventen zusammen, manchmal, wie z. B. in Köln, bewohnten sie ein ganzes Stadtviertel. Individualität und Gemeinschaftssinn bestimmten ihre Lebensregeln.

... es ist ja noch ein bisschen Zeit, nicht? Und wenn es Sie interessiert, lese ich Ihnen mal noch was aus so einer Konventsregel vor – ungemein spannend. Also, da heißt es z. B.: »Jede aufgenommene Schwester soll zum Lebensunterhalt Rente oder Vermögen besitzen oder eine Kunst verstehen, um sich die Existenzmittel zu erwerben.«

Also nix mit von Männern abhängig!

»Keine Schwester wird ohne Genehmigung vor der Stunde des Morgengebets das Haus verlassen, und ohne Erlaubnis wird kein Mann vor dieser Zeit das Haus betreten oder dort nach dem Abendgebet weilen.«

Männer ja, aber nicht immer!

»Entzweiungen zwischen Schwestern des Hauses, die der Vermittlung bedürfen, müssen vor dem Schlafengehen geschlichtet sein.«

Das sollte sich mal so mancher Politiker zu Herzen nehmen! Da kommen die nie ins Bett ... Aber gerade ihr halb-religiöser Stand, weder Nonne noch Laiin zu sein, brachte die Beginen immer wieder in den Verdacht der Häresie, sie wurden von der Inquisition verfolgt, gefoltert und gemordet.

Jetzt muss ich wirklich sehen, dass ich den Brief zu Ende bringe.

(weiter schreibend)

Auch hier im Odenwald lebten Frauen, die sich dieser Gemeinschaft der Beginen zugehörig fühlten. Es gibt Berichte von Inge Weidmann, einer Fränkisch-Crumbacherin, über Beginen, die weit vor ihrer Zeit in der Nachbarschaft gelebt haben sollen. Diesen Spuren müssen wir noch nachgehen.

Das Beginenhaus »Klösterle« in Buchen

Archivarisch lassen sich Beginen im südlichen Odenwald in Buchen nachweisen. Dort hat es das sogenannte »Klösterle« gegeben, ein spätmittelalterlicher Bau, der heute als Spezialbibliothek über das Judentum genutzt wird. Dem spätgotischen Bau wird, trotz wechselhafter Geschichte, heute noch nachgesagt, dass er eine »sakrale Ausstrahlung« besitze. Ich war neulich mal zu einem ersten Besuch da und kann das nur bestätigen. Es ist wissenschaftlich nicht gesichert, wann genau sich in Buchen zehn Jungfrauen unter einer Oberin ohne Ordensgelübde zu strenger Gemeinschaft zusammenfanden und »durch Pflege der Kranken, durch Unterstützung der Armen sich zu heiligen bestrebt waren«, analysierte Ute Schall. 1355 werden sie erstmalig urkundlich erwähnt. Sicherlich nicht zufällig hat das »Klösterle« in der Obergasse im Sommer 1570 just zu dem Zeitpunkt geschlossen, für den der Beginn des ersten Hexenprozesses in Buchen verbürgt ist. Weiter schreibt Ute Schall, dass »das Haus wie kein anderes in Buchen vom Kampf unerschrockener Frauen um ein Stück eigenen Lebensraumes zeugt, von ihrem mutigen Einsatz und ihrer Zivilcourage in einer Zeit, in der in Europa die ersten Scheiterhaufen zu lodern begannen«.

So, nun muss ich aber mal sehen, dass ich weiterkomme, also grüße ich mit besten Wünschen.

Literaturhinweise

Lessing, Ingrid: Göttin statt Gott-Vater? Die neuen Gottesbilder des 12. bis 14. Jh. und die Religiöse Frauenbewegung im Mittelalter, Dortmund 1993

Opitz, Claudia: Evatöchter und Bräute Christi. Weiblicher Lebenszusammenhang und Frauenkultur im Mittelalter, Weinheim 1990

Schall, Ute: »Die ›Ketzerinnen des freien Geistes‹. Buchens erste Aussteigerinnen«, in: Zeitschrift des AK Heimatpflege Nordbaden/Reg.bez. Karlsruhe, Hierzulande – Badisches und Anderes von Rhein, Neckar und Main, 1998, 13. Jg., Heft 26

SPINNENETZ Frauengeschichtsgruppe: Spurensuche. Handbuch zur Erkundung der Dortmunder Frauengeschichte im Mittelalter und Heute, Dortmund 1994

Wehrli-Johns, Martina/Opitz, Claudia: Fromme Frauen oder Ketzerinnen? Leben und Verfolgung der Beginen im Mittelalter, Freiburg, Basel, Wien 1998

Weinmann, Ute: Mittelalterliche Frauenbewegung, Pfaffenweiler 1988

Die Englertin aus Vielbrunn

Hexenverfolgung im Odenwald

von Barbara Linnenbrügger

Hexe – das Wort steht heute für alt, hässlich, grausam und es steht für Frauen! Erst seit den 1970er-Jahren haben Frauen sich diesen Namen zurückerobert – sie setzen das Wort *Hexe* gleich mit *starken Frauen*. Im Althochdeutschen wurden bestimmte Frauen Hagzissa genannt, abgeleitet von Hag, der Hain, der Zaun, die Grenze, und Zissa, das Weib. Also die Hexe ist ursprünglich die Zaunreiterin, die Grenzgängerin, die ungewöhnliche Fremde, die Außenseiterin, die Ausgestoßene. Im späten Mittelalter und vor allem zu Beginn der Neuzeit konnte jede Frau unter dem Vorwurf, eine Hexe zu sein, verfolgt, angeklagt, gefoltert und letztendlich ermordet werden. Es ging darum, Frauenmacht und Frauenwissen allumfassend auszurotten. Viele Frauen fielen dem Hexenwahn zum Opfer.

Dieses Pogrom machte auch vor dem Odenwald nicht halt. Wobei in der Literatur zu lesen ist, dass hier aufgrund einer wohlwollenden Herrschaft in Erbach Verfolgung und Ermordung von Hexen nicht so große Ausmaße annahmen wie z. B. im benachbarten Dieburger Raum.

Die Geschichte der Margarethe Englert

In Vielbrunn[1] lebte ums Jahr 1625 der Pfarrer Schech. Er versah sein Amt wie seine Vorgänger, bebaute die Pfarräcker und besaß einen schönen Viehstand, der von seiner Tochter versorgt wurde. Eines Tages, als das Mädchen gerade mit dem Füttern des Viehes be-

1 Vielbrunn ist heute ein Stadtteil von Michelstadt.

schäftigt war, ging die Englertin, wie Margarethe Englert genannt wurde, an dem Stall vorbei. Sie sah hinein und sagte zu der Pfarrerstochter: »Was habt ihr da für ein schönes Kalb.«

Am nächsten Tag war das besprochene Tier krank und ging nach wenigen Stunden ein. Die Englertin, die im Dorf als Hexe verschrien war, sollte den Tod des Kalbes verschuldet haben. Das gab Pfarrer Schech wenige Tage später vor einer Kommission, die zur Untersuchung der Vielbrunner Hexenzunft ins Dorf gekommen war, zu Protokoll.

Die Englertin hatte auch einen an »beschränktem Geist leidenden« Stiefsohn, Jörg mit Namen. Er erzählte überall in der Gegend, dass er schon in jungen Jahren die Hexenkunst von seiner Stiefmutter gelernt habe. Wundersame Geschichten berichtete er, z. B. wie er sich in einen Hasen verwandele.

Wegen all dieser Beschuldigungen wurde die Englertin nach Neustadt in das Zentgefängnis gebracht und nach Vorzeigen der Marterwerkzeuge scharf verhört. Sie leugnete jedoch alles ab. Sie fiel auf den Boden, rief Gott zum Zeugen an und beteuerte ihre Unschuld. Sie wand sich und schrie und bat Christus um Beistand in der Not. Der Prozess dauerte viele Wochen. Als aber dann die Auswirkungen des 30-jährigen Krieges auch im Odenwald spürbar wurden, vergaßen die Richter die arme Frau.

Sie entwich aus dem Gefängnis und floh in ihr Heimatdorf zurück, wo sie allerdings bald mit vielen anderen Leuten an der Pest starb.

Ursula Lixfeld[2] hat den Frauen, die als Hexen verfolgt wurden, in einem Gedicht ein Denkmal gesetzt:

---

2 Siehe auch Kap.: Abschluss und Ausblick

Hexenfeuer[3]

Wie ist es möglich, dass du das Feuer liebst,
obwohl du darin umkommst?
Seit Jahrhunderten, zu Tausenden!
Ist es,
weil nicht das Feuer dich verbrannte,
sondern sie?
Ist es,
weil das Feuer, das du liebst,
ein anderes ist?
Eins in dir?
Eins,
das ein anderes Licht hat?
Einen anderen Namen?
Nicht Mord, nicht Hass
– sondern Hoffnung?

Literaturhinweise

Emslander, Heinz: Hexenprozesse in Dieburg 1596-1630, Dieburg 1996

Lixfeld, Ursula: Traumvogelfedern. Gedichte und Zeichnungen, Bad König-Gumpersberg 1993

Höreth, Friedrich: Geschichte und Geschichten aus dem Odenwald, Bd. II, hg. vom Kreisausschuss des Odenwaldkreises, Erbach 1983

3 Abdruck mit freundlicher Genehmigung der Autorin

Erinnerungen an unsere Großmutter Eva Hotz aus Fränkisch-Crumbach

von Otti Born-Hauenstein und Hilde Katzenmeier

Die Schwestern Otti Born-Hauenstein und Hilde Katzenmeier aus Fränkisch-Crumbach haben neben ihren tiefgreifenden Recherchen zu Leben und Werk jüdischer Mitbewohner und Mitbewohnerinnen auch die Geschichte ihrer Großmutter Eva Hotz, geb. Eitel, aufgeschrieben. Da diese Frauengeschichte uns einen guten Einblick in den Alltag von Frauen im Odenwald im letzten und vorletzten Jahrhundert gibt, hier ein Auszug daraus:

Eva erblickte am 4. September 1866 in Fränkisch-Crumbach als Tochter des Landwirts und Bäckers Johann Philipp Eitel und dessen Ehefrau Elisabeth, geborene Speckhardt, das Licht dieser Welt. Sie hatte noch fünf Brüder und eine Schwester. Die Familie lebte von den kümmerlichen Einkünften der kleinen Land- und Gastwirtschaft. Die Haupteinnahmequelle war jedoch das Lebkuchenbacken und das Verhausieren im Darmstädter Eck. Eine Tradition, die heute noch im Odenwald in der Vorweihnachtszeit gepflegt wird.

Mit dem Korb auf dem Kopf (die Unterlage war ein »Wisch«, ein kreisrunder aus Stofflappen gefertigter, dicker Gegenstand) und der »Käize«, einer aus Weiden geflochtene Kraxen (einer Art Rucksack), auf dem Rücken wurde von Haus zu Haus und von Dorf zu Dorf marschiert und in der Vorweihnachtszeit die Lebkuchen angeboten.

Ottilie Born-Hauenstein

Evas Mutter hatte »offene Beine«, eine Venenkrankheit, die nach heutigen Maßstäben nur sehr minimal behandelt wurde. Sie lag schon in sehr frühen Jahren immer im Bett. Dennoch kam Jahr für Jahr ein Kind ums andere auf die Welt. Schon als ganz junges Mädchen sagte mir meine Großmutter, dass kein Stückchen weißer Stoff, etwa von abgewaschenen mürben Kissen- oder Bettbezügen, weggeworfen werden dürfe. Wie kostbar dies als Verbandsmaterial sei, das hätte sie bei ihrer Mutter gelernt, denn reguläres Verbandsmaterial konnten sie sich nicht leisten. Jedes Stückchen Stoff wurde immer wieder gewaschen, um die Wunden verbinden zu können. Schon im Alter von acht oder neun Jahren übernahm Eva so nach und nach die Führung des Haushaltes.

Anfang September, wenn die Äpfel langsam reiften, las sie vor Schulbeginn auf dem Wingertsberg, einem mit Obstbäumen bestandenen, steilen Berg, am Ortsausgang gelegen, die Falläpfel und brachte sie nach Hause. Später am Tag wären diese Äpfel oder Birnen schon von anderen Leuten gelesen gewesen. Dies dokumentiert eigentlich so richtig die grausame Armut im Odenwald zu der damaligen Zeit.

Als Eva zehn Jahre alt war, konnte ihre Mutter nicht mehr aufstehen. Sie musste nun für die Familie kochen. Dafür durfte sie schon um 11 Uhr die Schule verlassen. Ein Stühlchen war nötig, um am Herd und Spülbecken arbeiten zu können. Aber auch alle sonstige Arbeit im Haus und in der Landwirtschaft, wie Waschen, Putzen, Kühe melken, auf dem Feld arbeiten, die Mutter pflegen, die Brüder und die Schwester versorgen, war Eva weitgehend aufgegeben.

Trotz der Armut waren die Familien im Ort sehr darauf bedacht, dass ein oder zwei Buben den Lehrer- oder Pfarrerberuf erlernten. Als der eine Bruder die »Präparantenanstalt«, die Lehrerausbildungsstätte in Bensheim, besuchte, trug meine Großmutter jeden Sonntagmorgen sehr früh ein Bündel frische Wäsche für den Bruder die ca. dreißig Kilometer nach Bensheim. Die schmutzige Wäsche nahm sie mit zurück. Eva musste sich sehr beeilen, denn zum Gottesdienst in Neunkirchen erwartete sie ihre dort wohnende Base, genannt »Boas«, so um 10 oder 11 Uhr. Der Bruder brauchte unbedingt am Sonntag die frische Wäsche, weil er in den »besseren« Familien in Bensheim am Sonntagnachmittag Klavierunterricht gab, um sich ein paar Pfennige zu verdienen. Die Strapaze des Fußmarsches nahm Eva gern auf sich, denn das Studium des Bruders hob das Ansehen der ganzen Familie und auch ihr ganz persönliches im Dorf.

Ein weiterer Bruder erlernte den Kaufmannsberuf und heiratete später die Tochter eines Molkereibesitzers in Bad Schwartau. Es war für Eva eine ganz große Sache und auch ganz selbstverständlich, den Brüdern bei ihrer gehobenen Ausbildung zu helfen, für die sie alle Mühe und Plage auf sich nahm.

Am 14. Mai 1889 heiratete meine Großmutter Eva Eitel den Nachbarsbub, den Küfer und Bierbrauer Philipp Hotz. Mit ihm zusammen kaufte sie von der Witwe Weber eine kleine Hofreite in der Rodensteinerstraße Nr. 18. Von zu Hause erhielt Eva als Mitgift eine »hartmelkige« Kuh, also eine Kuh, die sich schlecht melken ließ. Und nur deshalb bekam meine Großmutter diese Kuh als Mitgift, weil sie sich nur von ihr melken ließ. Dazu an Hausrat soviel, wie in einem Korb Platz hatte, sowie einige kleine Äcker und Wiesen. Philipp hatte sich während seiner Zeit als Soldat beim Großherzoglich-Hessischen Leibregiment Nr. 117, wo er von 1885 bis 1888 diente, 600 Mark gespart. Pro Tag gab es eine Entschädigung von 10 Pfennigen. Wie die beiden das Restkaufgeld für den Hof von über 6000 Mark aufbrachten, weiß ich nicht.

Die Großeltern betrieben eine kleine Landwirtschaft und begannen Keller auszugraben, um Bier brauen zu können. Das Erdreich wurde mit Pickeln gelockert, mit Schaufeln in Eimer gefüllt und hochgetragen. Mit der »hartmelkigen« Kuh als Zugtier wurde die Erde fortgefahren. Das Wasser für das Bier wurde in Schaffeln, das sind kleine Holzzuber, von einem Brunnen in der Nachbarschaft herangeholt.

Als Eva ihr erstes Kind, meine Mutter, gebar, konnte sie nur eine »Ims«, d. h. über eine Mahlzeit hinweg, im Bett liegen bleiben. Denn die Kuh musste ja gemolken werden. Und niemand anderes als sie konnte dies tun. Vor der Geburt hatten die beiden Eheleute kein Geld, sich Barchent (Inlett) für ein Kissen für das zu erwartende Kind zu kaufen. Eva ging zu einem jüdischen Textilhändler, er borgte ihr den Barchent und sagte in etwa: »Bei Dir bin ich sicher, dass ich mein Geld bekomme, bezahl, wenn Du es hast.« Vier Mädchen insgesamt kamen zur Welt. Der Vater nahm lange Zeit keine Notiz von ihnen: »All minanner hot er se nit oageguckt.« Immer wieder nur Mädchen und kein einziger Bub, jedesmal die große Enttäuschung. Wie Eva dies verkraftet hat, darüber hat sie nie gesprochen.

Der Kundenkreis für das Bier war begrenzt auf Fränkisch-Crumbach und die umliegenden Orte. Oft reichten die Werktage nicht aus für die viele Arbeit, die anfiel. Eva trug sonntagmorgens, nachdem sie das Vieh und die Familie versorgt hatte, z. B. noch schnell zehn Flaschen Bier auf dem Kopf nach Unter-Gersprenz zu einer Wirtschaft. Um 10 Uhr musste sie wieder zurück sein, denn den Gottesdienst durfte sie nicht versäumen. Schließlich war der Pfarrer auch ein guter Bierkunde mit so vier bis sechs Flaschen in der Woche.

Anfang der 20er-Jahre nach dem Ersten Weltkrieg kamen Streikflüchtlinge aus dem linksrheinischen Dexheim in mein Elternhaus, die Familie Adloff. Frankreich besetzte damals wegen ausbleibender Kriegsreparationen das Ruhrgebiet und das linksrheinische Reichsgebiet. Die Eisenbahner weigerten sich, für Franzosen zu arbeiten, und wurden ausgewiesen. Herr Adloff arbeitete dann bei der Süddeutschen Eisenbahn-Gesellschaft, die das »Odenwälder Lieschen« auf der Strecke von Reinheim nach Reichelsheim betrieb. Die Familie Adloff wurde von meinen Großeltern und Eltern in den Familienverband aufgenommen und weitgehend integriert. Es entstand eine lebenslange Freundschaft.

Soweit ich mich zurückerinnern kann, war die Großmutter morgens für uns Kinder zuständig, während unsere Mutter schon im Stall, im Feld oder Betrieb tätig war. Sie kämmte uns die Haare ohne viel Federlesen. Wenn sie uns mit dem Kamm zu schnell bearbeitete und wir »aua« schrien, zog sie uns ganz fest an den Zöpfen und wir waren schnell ganz still, denn das tat noch mehr weh. Evas Arbeitsfelder waren die Küche und der Garten. Hier herrschte sie uneingeschränkt. Durchschnittlich kamen zehn bis fünfzehn Leute an den Tisch. Sie kochte reichlich Kartoffeln, Gemüse und Salat. Fleisch und Wurst teilte sie jedem zu. Sie versuchte, besonders in der Kriegs- und Nachkriegszeit, als die Lebensmittel knapp waren, jedem gerecht zu werden. Die Männer am Tisch bekamen jedoch immer ein bisschen mehr Wurst und Fleisch als die »Weibslait«. Dabei machte sie keinen Unterschied zwischen meinem Vater und den Arbeitern, den Zwangsarbeitern und Kriegsgefangenen. Obwohl es verboten war, gemeinsam mit den Polen und Franzosen an einem Tisch zu essen, war die Tischgemeinschaft eine Selbstverständlichkeit. Hörten wir zur Essenszeit jemanden kommen, stand ein Familienmitglied auf und fertigte den oder die Besucher an der Haustür oder im Flur ab.

Oft sagte meine Großmutter Eva zu ihrem Schwiegersohn, meinem Vater: »Lenhard, isch hebb koa Staabsche Mehl mäi«, was heißt: »Leonhard, ich habe kein Stäubchen Mehl mehr.« Dabei war der Mehlsack meistens noch halb voll. Wurde sie darauf angesprochen, meinte sie, sie müsse doch sorgen, dass rechtzeitig »wirrer neies do is«. Uns Enkelinnen belehrte sie eindringlich, was das Schweinefett aus der Hausschlachtung für einen Haushalt bedeutet. Es galt, damit sparsam umzugehen: »Wenn Ihr meint, Ihr hättet nur einen Fingernagel zu viel Fett in die Pfanne getan, so lasst es Euch nicht gereuen und bringt es in die Kachel zurück.«

Im späten Frühjahr nahm sie an einem Nachmittag die Gartenhacke und inspizierte unsere Äcker und Obstbäume in der Gemarkung. Sie wollte sehen, wie das Getreide stand und ob die Bäume Frucht angesetzt hatten. Die Gartenhacke nahm sie nur zum Schein mit, denn die Leute sollten trotz ihres hohen Alters nicht denken, sie gehe spazieren und mache sich einen schönen Tag. Im zeitigen Frühjahr inspizierte sie auch unseren Heuboden, ob noch genügend Futter für unser Vieh da wäre.

Hilde Katzenmeier

Meine Schwester Hilde erinnert sich an die nicht enden wollende Gartenarbeit: »Alle meine Kenntnisse über Gartenarbeit habe ich von meiner Großmutter gelernt. Wie mit spärlichen Samen umzugehen ist, dass keine Fläche im Garten brachliegen darf und nicht auf große Flächen gewartet werden sollte, die von anderen Faktoren wie z. B. Viehfutter bestimmt wurden. Besonders die Blumenaufzucht für die Gräber auf dem Friedhof war ihre ständige Sorge, denn es gab keine Gärtnerei, bei der sie hätte kaufen können. Mit dem Leiterwägelchen, beladen mit den Blumenstöcken, wurde zwei Mal im Jahr, im Frühjahr und im Sommer, die Neubepflanzung auf dem Friedhof durchgeführt. Nicht nur der Transport zum Friedhof war ihr zu schwer. Ich half ihr und lernte dabei.«

Ihre Strenge und Unnachgiebigkeit rührte mit Sicherheit von der ständigen Überforderung her und die »schweren Zeiten« taten das Ihrige dazu.

Unsere Großmutter wachte auch darüber, dass wir Schwestern nach der Schule unseren zugeteilten Anteil Arbeit leisteten. Wie oft stand sie am Hoftor, wenn ich von der Schule kam, und befahl mir, zwei Kästen Bier ins »Heiste«, eine Gastwirtschaft, zu fahren, oder etwas anderes zu tun. Sie war unbarmherzig, wenn wir versuchten, uns vor der Arbeit zu drücken.

Im Winter, wenn es einige Tage gefroren hatte, wurde »geeist«. Wir hatten zwei Teiche, die Anfang des Winters mit Wasser gefüllt wurden. Das Wasser kam von vorbeifließenden Bächen. Nachdem das Eis ca. zehn bis fünfzehn Zentimeter dick gefroren war, wurde es von den Rändern abgehackt, in Stücke gebrochen, auf Kastenwagen geladen, von zwei Pferden nach Hause gefahren und dort in den Eiskeller abgeladen. Das war eine harte Arbeit, die von den im Winter arbeitslos gewordenen Maurern und Weißbindern verrichtet wurde. Wenn wir einen vergessen hatten, zu dieser Arbeit zu bestellen, gab es »böses Blut«. Die Leute waren dann verärgert, weil sie eben sehr arm waren. An diesen Eistagen gab es sehr viel Arbeit im Haus. Die Männer am See, die die Eisbrocken aufluden, bekamen Frühstück mit warmem Bier. Abends, wenn die Männer sich zu Hause umgezogen hatten, kamen sie zu uns an den langen Tisch in der Kammer und wurden mit Kartoffelsalat, einem großen Stück warmer Fleischwurst und einer Flasche Bier verköstigt. Keiner der Männer versäumte die Abendmahlzeit. Die Eishandschuhe, die die Männer für die Arbeit brauchten, mussten immer wieder getrocknet werden, und während meine Mutter im Eiskeller die hereingeworfenen Eisstücke in die Ecken des Kellers verfrachtete, mussten die Mahlzeiten hergerichtet werden.

Ich musste meiner Großmutter helfen, aber ich wollte doch auch einmal Schlittschuh laufen. Schlittschuhe hatte ich von meinen Kusinen aus Groß-Bieberau bekommen. Ich riss von zu Hause aus und lief zu unserem ungefähr zwanzig Minuten entfernten See. Kaum hatte ich die Schlittschuhe angeschraubt, stand meine Großmutter an der letzten Wegbiegung und schimpfte mich aus. Ich musste zurück. Sie scheute den eisigen Weg nicht, um mich zurückzuholen. Nur wenn wir krank waren, gab uns Eva gute Worte, brachte gute Speisen und tat alles, nur damit wir bald wieder gesund würden. Oft sehnte ich mich danach, krank zu sein, denn da wurde ich bemuttert, das war schön. Aber sobald wir wieder gesund waren, gab es kein Pardon in Sachen Arbeit.

Großmutters großer Kummer war, dass sie mit der Inflation 1922/23 nach dem Ersten Weltkrieg alles Geld verloren hatte. Opa Philipp und sie hatten sehr viel Kriegsanleihen gezeichnet. In den Jahren danach teilten sich meine Eltern, die inzwischen den Betrieb übernommen hatten, und die Großeltern den Gewinn des Betriebes. Dieser Gewinn wurde als Aussteuer für die beiden noch unverheirateten Töchter verbraucht.

Ab 1931 hatte Eva keine eigenen Einkünfte mehr. Wie damals üblich, bekam sie ihren »Auszug«, d. h. den reinen Lebensunterhalt, von meinen Eltern. Sie nahm etwas Geld vom Kleinverkauf in der Küche ein, das sie aber entweder für den Haushalt verwandte oder meinen Eltern gab. In ihren Unterröcken hatte sie eine große Tasche, in der sie das Geld verwahrte. Wenn sie Geld brauchte, bekam sie es ganz selbstverständlich. Aber keine eigenen Ersparnisse, mit denen ihre Beerdigung bezahlt werden konnte, zu haben, das konnte sie nicht leicht verwinden. Mein Vater meinte dazu immer etwas spöttisch, wenn die Rede darauf kam: »Ihr bleibt nicht hier, da könnt Ihr sicher sein.« Mein Vater, ihr Schwiegersohn, verwandte ihr gegenüber nicht das »Du«, sondern immer das »Ihr«, ein Ausdruck von Respekt und Hochachtung. Dies war damals üblich.

Großmutter Eva verfocht ihre Ansichten so lange, bis sie nicht mehr weiterkonnte. Wenn es zu arg wurde, brachte sie mein Vater drastisch zum Schweigen. Eigensinnig, hart, ehrlich, arbeitssam, das Rechte suchend – wie sie es verstand –, oft auch ungerecht und fest die soziale Ordnung des Dorfes stützend, ist sie ihren Weg gegangen. Gelegentlich leuchtete in ihrem Wesen auch Güte auf, wenn sie z. B. einer Zigeunerin nach langem Schimpfen doch ein Ei gab.

Den Handwerksburschen, die an unsere Tür klopften, war ein Teller Suppe sicher. Oder wenn sie dem unehelichen Kind unseres Knechts Ludwig am Ende eines langen Lamentos über die Schlechtigkeit der Kindesmutter und des Kindesvaters doch ein Kleidchen kaufte. Oder wenn der jüdischen Nachbarin Rescha, die etwas weltfremd, aber gütig war, die Milch, der Reis, die Butter oder die Nudeln ausgegangen waren. Immer war Eva eine Helferin in der Not. Über die Vorkommnisse in der sogenannten »Reichskristallnacht« war sie genauso entsetzt wie meine Eltern.

Eva Hotz

Im Zweiten Weltkrieg bekam unsere Nachbarsfrau, »Schröders Marische«, ihr zweites Kind. Sie arbeitete in ihrem Frisörgeschäft und hatte wenig Zeit für ihre Kinder. Die neugeborene Tochter war gesundheitlich schwach und gute Milch war damals Mangelware. Eva gab ihr die nötige Milch für das Kleine, oft das Einzige, was sie bei sich behielt. Ohne diese Milch, die ja von der Ablieferungspflichtmenge abgezweigt werden musste, hätte diese Tochter der Nachbarin nicht überlebt. Im Krieg und danach in den Hungerjahren ging niemand von unserer Hofreite, ohne dass ihm oder ihr etwas Essbares mitgegeben wurde. Schlimm traf sie im hohen Alter noch die Nachricht, dass ihr einziger männlicher Enkel, der Sohn meiner Tante in Erlau, in Stalingrad vermisst wird.

Meine Großmutter Eva starb am 30. Januar 1950. Sie war geprägt von ihrer harten Kindheit und Jugend, der ständigen Überforderung. Auch die Ehejahre waren voller Arbeit und Sorgen. Sie hatte das »Arbeitenmüssen« verinnerlicht. So sehr, dass sie es ihren Töchtern voll und ihren Enkelinnen teilweise mitgegeben hat.

Quelle

Der Text entstand aus persönlichen Erinnerungen von den Schwestern Ottilie Born-Hauenstein und Hilde Katzenmeier aus Fränkisch-Crumbach. Aufgeschrieben wurde er von Ottilie Born-Hauenstein im Dezember 1993. Ottilie Born-Hauenstein verstarb 2010.

Helene Göttmann

Eine tatkräftige Reichelsheimerin

von Barbara Linnenbrügger

Über die Grenzen von Reichelsheim hinaus ist die »Reha-Klinik Göttmann« weithin bekannt gewesen.[4] Aber von wem wurde sie gegründet und in den ersten Jahren geleitet? Von Helene Göttmann.

Helene Gieselstein als Diakonisse

Helene Gieselstein, verheiratete Göttmann, wurde am 20. August 1848 in Barmen bei Wuppertal geboren. Für ihre Zeit eine ungewöhnliche und sehr tatkräftige Frau. Als Diakonisse arbeitete Helene Gieselstein in Straßburg und in Darmstadt. Der Krieg in Frankreich 1870/71 verschlug sie nach Reichelsheim. Sie pflegte hier im alten Rathaus verwundete Soldaten. Nach Kriegsende begründete sie 1873 die erste ortsansässige Kleinkinderschule, ein Vorläufer des heutigen evangelischen Kindergartens. Helene Gieselstein fand in Reichelsheim ihre neue Heimat. Der da-

4 Die Klinik wurde 2003 geschlossen.

malige Pfarrer Anthes beschrieb in seiner Chronik, dass am 27. Juni 1873 die Kleinkinderschule im Reichelsheimer Rathaus mit etwa sechzig Kindern eröffnet wurde. Die Lehrerin war Helene Gieselstein. Sie erhielt ein Gehalt und wohnte, nach dem Umzug der Kinderschule in das ehemalige Haus des Küstermeisters Bertsch, ab April 1874 am Marktplatz neben dem Rathaus, in einem Stübchen neben der Kinderschule. In den Gründungs-Statuten der Kleinkinderschule heißt es u. a.:

»Die noch nicht schulpflichtigen Kinder aller Konfessionen ab dem dritten Lebensjahr werden vor allem an Gehorsam, gute Zucht und gute Sitten gewöhnt. Dies hat eine eigens zu diesem Beruf ausgebildete Lehrerin zu leiten. Die Kinder müssen reinlich, gekämmt und in nicht zerrissenem Anzug in die Anstalt gebracht werden. § 15 der Statuten besagt, daß die Lehrerin ihrem Beruf gewissenhaft nachzukommen hat und sich verpflichtet, den Anordnungen des Vorstandes bereitwillig zu entsprechen, sowie einen moralisch tadellosen Lebenswandel zu führen.«

Neben der Tätigkeit als Kranken- und Kinderschwester eröffnete Helene Gieselstein bereits 1874 einen Handel mit Wolle, Garnen und Zwirn.

Im November 1875 heiratete sie, 27-jährig, den in den amerikanischen Freiheitskriegen an Kriegsverletzungsfolgen erblindeten Rentner Johann Philipp Göttmann, der wohl zu dieser Zeit in Gumpen lebte. Johann Philipps Eltern betrieben bis Mitte des 19. Jahrhunderts eine Schmiede in Reichelsheim. Die Schmiede stand auf dem heutigen Gelände der Firma Treusch, Eisen- und Haushaltswaren, in der Ortsmitte. 19-jährig wanderte Johann Philipp 1857 mit drei weiteren Familienmitgliedern nach Amerika aus. 400 Gulden hatten sie im Gepäck. Eine stattliche Summe für die damaligen Auswanderer. Sie war sicherlich der Erlös aus dem Verkauf der Schmiede. Noch heute zeugt ein Sandsteintorbogen im Treusch-Wohnhaus von dieser Vergangenheit.

1876 gebar Helene Gieselstein, nun verheiratete Göttmann, ihre Tochter Helene. In dieser Zeit gab die junge Mutter ihre Arbeit in der Kinderschule auf. Es ist davon auszugehen, dass sie neben Haushalt, Kind und der Versorgung ihres Mannes vorrangig selbst für das Familieneinkommen sorgen musste.

Anfang 1877 geriet die Kinderschule in so große finanzielle Not, dass sie sich samt Vorstand auflöste. Da übernahm Helene Göttmann die Schule auf eigene Verantwortung. Es heißt im Heimatboten: »Zur Hebung der Not steuerte wiederholt die Gräfliche Herrschaft in Erbach größere Summen bei.« Offensichtlich hatte Helene Göttmann gute Beziehungen zum gräflichen Schloss Reichenberg. Am 1. Dezember 1877 beschloss der Gemeinderat, aus seiner Mitte einen neuen Vorstand zu wählen. Es heißt weiter in der Chronik: »Trotz dieser neuen Ordnung musste die Kleinkinderschule wegen Lehrerinnenmangels im Februar 1878 für einige Jahre geschlossen werden.« Warum sich Helene Göttmann nicht mehr in der Schule engagierte, bleibt ungeklärt. War sie zu selbstbewusst, zu eigenständig? Sie wird in der umfassenden Chronik auch in späteren Jahren nie wieder erwähnt.

Helene und Phillip (jun.) Göttmann, aufgenommen bei dessen Konfirmation um 1895

Generell wissen wir bisher sehr wenig über Helene Göttmann in dieser Zeit. Sie verließ die Kinderschule. Vermutlich erhielt ihr Mann eine bescheidene Rente. Der Verdienst aus den Handelsgeschäften war sicherlich notwendiger Bestandteil des Familieneinkommens. Im Frühjahr 1880 wurde der Sohn Phillip Karl August geboren. Im Winter des gleichen Jahres starb die Tochter Helene im Alter von 4 Jahren. Versetzen wir uns in die Lage einer 32-jährigen Frau, deren kleine Tochter gerade gestorben ist, die einen Säugling und einen behinderten Mann zu versorgen hat:

Reicht die Vorstellung aus, um sich ein Bild von diesen Jahren zu machen? Nach dem Tod ihres Mannes 1892, Helene Göttmann ist jetzt 44 Jahre alt, weitete sie ihren regen Handel aus.

Ernst Hieronymus, ein Reichelsheimer Heimatforscher, schreibt in einer Kurzbiografie über Helene Göttmann: »Viele Einrichtungen in Reichelsheim gehen auf ihr Wirken zurück. Ihrer Zeit voraus, das Ohr am Puls der Zeit, so wirkte diese Frau für Wohltat, Handel und Gewerbe in der Gemeinde. Sie betätigte sich im Holzhandel, handelte mit Düngemittel, Stein- und Ziegelwaren, Karbid-, Stein- und Braunkohlen und betrieb eine Backsteinbrennerei.«

Sanatorium Göttmann um 1900

Im Jahre 1897, also fünf Jahre nach dem Tod ihres Mannes, ihr Sohn ist jetzt 17 Jahre alt, gründete Helene Göttmann auf dem Gänsberg eine Pension und Heilanstalt für leicht Lungenkranke und Blutarme; das war die Vorläuferin der späteren »Reha-Klinik Göttmann«.

Helene Göttmann (u.r.) im Kreis von Patientinnen, aufgenommen vermutlich nicht lange vor ihrem Tod

Augenscheinlich hat Helene Göttmann mit ihrem regen Handel so viel Geld verdienen können, dass sie dieses Unternehmen starten konnte. Bildern von Personal und Patienten ist zu entnehmen, dass es sich vorrangig um Frauen gehandelt haben muss, die in dem Haus Erholung und Heilung fanden.

Aus Akten ist ersichtlich, dass es Helene Göttmann nicht leicht gemacht wurde. Im Ort wurden Befürchtungen laut ob der Ansteckungsgefahr durch die Lungenkranken. Der Zugang zur örtlichen Abwasserversorgung wurde ihr streitig gemacht. Aber Helene Göttmann ließ sich nicht beirren. Sie war immer bemüht, ihren Patientinnen den modernsten Standard zu bieten, davon zeugen mannigfaltige Aktivitäten: Sie ließ das erste kohlebetriebene Elektrizitätswerk am Bahnhof errichten, das die Heilanstalt und andere Einrichtungen in der Gemeinde mit Strom versorgte. Die Heilanstalt hatte somit als erstes Haus in Reichelsheim elektrisches Licht. Die Telefonnummer 4 zeugt auch von einer Vorreiterrolle bezüglich dieser neuen Technologie. Helene Göttmann war auch maßgeblich mit verantwortlich, dass einer der drei Seen unterhalb vom Schlosswald als Freibad ausgebaut wurde. Und sie war auch die erste Frau, die 1904 Mitglied in dem von Männern beherrschten »Tabakklub« wurde. Somit durfte sie in der Öffentlichkeit rauchen, als erste Frau in Reichelsheim!

Frau Schuldes, eine alteingesessene Reichelsheimerin berichtete mir in einer Veranstaltung, dass sie die Geschichten noch kennt, aus denen hervorgeht, dass Helene Göttmann als Frau in öffentlichen Gaststätten rauchte. Das war sicherlich ungewöhnlich und wahrscheinlich in gewissen Kreisen für die damalige Zeit auch anstößig.

1912 starb Helene Göttmann im Alter von 63 Jahren in Reichelsheim, hochgeachtet und verehrt. Im Nachruf lesen wir:

»Selten, sehr selten gab es Eine, wie diese Frau, die in heftigstem Kampfe um den Zustand des Ortes auf herausgestelltestem Posten mit so viel Feldherrengaben ausgestattet, allen schwierigsten Lagen gewachsen war. Als Kranken- und Kinderschulschwester, als Hausfrau, Mutter und Geschäftsfrau war ihr die ganze Bürgerschaft, der weite Kreis ihrer Freunde und Anhänger ergeben ... Der Wohltäterin, der Gründerin der Lungenheilanstalt am Gänsberg und des Elektrizitätswerkes, der ehrenreichen Bürgerin unseres Ortes, die mit weisem Rat und an Kraft und Tat ein leuchtendes Vorbild gab, deren Werke weiterwirken. Ihr zum Gedenken, kommenden Geschlechtern zum Segen, bis in die fernste Zukunft!«

Die kommenden Geschlechter haben ihr Andenken augenscheinlich nicht sehr lange gewürdigt. In Reichelsheim wurde mal gerade eine Straße nach ihr benannt.

Ach ja, da wär' noch was! Die Geschichtsschreibung um Helene Göttmann ist wirklich ein Paradebeispiel wie »mann« mit Frauen nicht nur in der Geschichtsschreibung umgeht! Zwei Beispiele seien hier genannt:

– Erste Nachforschungen um Helene Göttmann ergaben, dass die »Göttmann-Klinik« von ihrem Mann gegründet wurde. Obwohl der nachweislich doch schon fünf Jahre tot war, als Helene die Pension und Heilanstalt eröffnete!

– Und dann erzählte mir eine Beerfurther Nachbarin, dass sie die Geschichte mit dem Tabakklub anders kennt, und zwar so: Helene Göttmann hätte nur mit in den Tabakklub gehen dürfen, um ihrem blinden Mann beim abendlichen Spiel die Karten zu halten.

Tja, so funktioniert Geschichtsschreibung! Wenn den Männern es beliebt, können sogar Tote eine Klinik eröffnen und Skat kloppen …

Helene Göttmann und das FRAUEN-GEDENK-LABYRINTH©

Im Juni 2000 feierten Frauen in der Alten Oper in Frankfurt am Main zum Auftakt des neuen Jahrtausends, dem Jahrtausend der Frauen, das »Fest der 2000 Frauen«. 1000 Frauen der Gegenwart ehren 1000 Frauen der Vergangenheit. In diesem Rahmen wurde das Kunstwerk FRAUEN-GEDENK-LABYRINTH nach einer Idee von

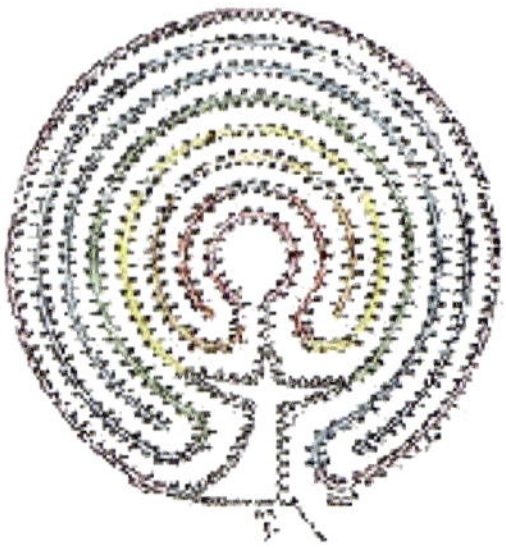

Bauplan des FRAUEN-GEDENK-LABYRINTHes von Agnes Barmettler mit der Nummerierung für jeden Genkstein

Dagmar von Garnier (Frankfurt am Main) und in Ausführung von der Künstlerin Agnes Barmettler (Zürich) als Wanderausstellung in die Welt gebracht.

Auf der zukünftigen Reise des Gedenk-Labyrinthes durch die Städte Europas kommen immer wieder neue Frauen hinzu, die auf diese Weise geehrt und deren Leistungen ins Gedächtnis gerufen werden.

In diesem Sinne wurde auch die tatkräftige Frau aus Reichelsheim, Helene Göttmann, von mir mit einer Gedenksteinlegung im FRAUEN-GEDENK-LABYRINTH am 14. September 2002 in Frankfurt am Main geehrt. Auf ihrem Stein liegt zur Erinnerung eine Zigarre.

Gedenksteinlegung von Barbara Linnenbrügger

Gedenkstein Helene Göttmann, 1848 – 1912, DIE TATKRÄFTIGE

Quellen/Literaturhinweise

In den Text sind Gespräche mit Jürgen Göttmann aus Reichelsheim, Nachkomme von Helene Göttmann, eingeflossen.

Garnier, Dagmar v. (Hg.in): Buch der 1000 Frauen, Teil I und II, Rüsselsheim 2000/2001

Hieronymus, Ernst: Reichelsheimer Sagen und Geschichtenbuch, Beerfurth 1997

Hieronymus, Ernst: »Sie war ihrer Zeit voraus«, in: WIR in Reichelsheim, Nr. 2, Mai 1999

Kalberlah, Wolfgang: Reichelsheim im Odenwald – 700 Jahre. Vom Marktflecken zur Großgemeinde, Reichelsheim 2003

Statuten der Kleinkinderschule, 1873, Landkreis Erbach, Reg.-Bez. Darmstadt, Abtl. XIV, Absch. 1, Konvolut 1, Fascikel 2 (Gemeindearchiv Reichelsheim)

www.frauen-gedenk-labyrinth.de

www.labyrinthe-in-deutschland.de

Katharina Roth

von Barbara Linnenbrügger und Gretel Kronburg

Szenisches Anspiel

(mit roter Fahne schwenkend, singend auf die Bühne kommend)

Brüder, zur Sonne, zur Freiheit,
Brüder, zum Lichte empor.
Hell aus dem Dunklen, Vergangnem,
leuchtet die Sonne empor.

Brüder, nun reicht euch die Hände,
Brüder, das Sterben verlacht.
Ewig der Sklaverei ein Ende,
heilig die letzte Schlacht.

(Text der »Internationale«: Leonid P. Radin)

Brüder?
Nur die Brüder zur Sonne, zur Freiheit?
Oder bin ich da als Frau »mitgemeint«?
Nun, ja ...

»Eins steht fest, dass heute in der Familie eines Erwerbslosen es sehr traurig aussieht. Wir können feststellen, dass in Familien mit vier und fünf Kindern eine ungeheure Bettennot sich bemerkbar macht, und der Schrei nach Betten innerhalb der minderbemittelten Schicht ist heute so groß, dass er nicht nur von den Familien selbst ertönt, sondern auch von Seiten der Fürsorgerinnen und Ärzte ... Wir Kommunisten wissen ja, dass die kapitalistische Gesellschaft nicht in der Lage sein wird und nicht will, ihre Opfer zu schützen!«

Wissen Sie, wer das gesagt hat? Und von wem, wo und wann diese deutlichen Worte gesprochen wurden? Von der Landtagsabgeordneten der KPD Katharina Roth in den 20er-Jahren des vorigen Jahrhunderts. Es ist ein Zitat aus einer eindrücklichen Rede im Hessischen Landtag, als ein Antrag zur Renovierung des Mainzer Domes in Höhe von einer Million Mark gestellt wurde. Katharina Roth schilderte das Elend der Bevölkerung höchst anschaulich und forderte, das Geld für Betten für die Armen auszugeben.

Was hat so eine Frau erlebt? Wie kommt sie dazu, eine solche politische Karriere zu machen?

Auch da zeigt uns die Odenwälder Frauengeschichte Vorbilder:

Katharina Roth wird 1882 als drittes Kind der Familie Sehnert in Schaafheim bei Dieburg geboren. Insgesamt sind es wohl fünf oder sechs Geschwister, von denen aber nur vier, drei Mädchen und ein Junge, überleben. Der Vater ist Maurer. Viele Jahre arbeitet er in der Nähe von Mainz. Samstags nach der Arbeit läuft er fünf bis sechs Stunden von Darmstadt, der letzten Bahnstation, nach Hause in den Odenwald. In der Nacht zum Montag muss er dann um zwei Uhr nachts wieder losmarschieren, um morgens pünktlich an seiner Arbeitsstelle zu sein.

Wie das damals auf dem Lande üblich ist, kommen die Töchter, wenn sie mit 14 Jahren die Schule beendet haben, als Dienstmädchen in Stellung. Katharina, die sich schon während der Schulzeit ausgezeichnet hat, wird nach Frankfurt am Main vermittelt.

Sie arbeitet bei zwei reichen jüdischen Familien, die sich ihrer herzlich annehmen. In diesen wohlhabenden und liberalen Häusern erhält sie viele Anregungen. Besonders beeindrucken sie die Opern- und Theaterabende, zu denen sie eingeladen wird. In Frankfurt lernt sie, möglicherweise in einem Arbeiterverein, Jakob Roth kennen, der aus ihrer Heimat, aus Groß-Zimmern kommt. Der ein Jahr ältere Jakob Roth ist eines von zehn Kindern einer Familie aus einfachen Verhältnissen und gelernter Bäcker. Seinen erlernten Beruf übt er aber nie aus, in Frankfurt arbeitet er als Monteur.

Anfang 1906, Katharina ist 24 Jahre alt, heiraten die beiden. Frau Roth wird noch im selben Jahr Mutter einer Tochter, 3 Jahre später bringt sie einen Sohn zur Welt. Sie führt das Leben einer Hausfrau und Mutter, doch schon 1907 beginnt ihr aktives politisches Leben. Sie tritt mit ihrem Mann in die SPD ein. Jakob Roth macht sich in dieser Zeit selbständig, wird aber im Ersten Weltkrieg eingezogen. Noch während dieser Zeit treten beide erst zur linken USPD und dann zur KPD über. Katharina engagiert sich im Gemeinderat ihrer neuen Heimatstadt Sprendlingen, bis sie 1922 in den Landtag nachrückt. In allen Bereichen ist sie neuen Ideen und Entwicklungen höchst aufgeschlossen. Ihr besonderes Engagement gilt auch der Frauenarbeit in der KPD.

Die Anträge der KPD zu Frauenfragen werden fast ausschließlich von ihr eingebracht. Am 21.6.1923 stellt Frau Roth zusammen mit Frau Steinhäuser von der SPD einen gemeinsamen Antrag, in dem die beiden Frauen verlangen, dass die Landesregierung Hessen beauftragt wird, bei der Reichsregierung zu beantragen, dass die §§ 218 und 219 gestrichen werden. Ein Kampf, der bis heute aktuell ist! 1927 fordert sie die Einrichtung von Schwangerschaftsberatungsstellen und die umfassende Fürsorge des Staates für Mutter und Kind. Es heißt, dass Katharina Roth eine »fleißige und engagierte« Abgeordnete ist. Ihre Reden und Forderungen richtet sie immer auf die nahe Revolution aus. So haben ihre Anträge oft keinerlei Aussicht auf Durchsetzung. Sie prangert die schlechten sozialen Verhältnisse sehr konsequent und detailliert an, um deutlich zu machen, dass alle anderen Parteien nichts tun, um diese zu ändern.

Am 2. Juni 1927 wird sie aus der KPD ausgeschlossen, sie ist ihrer eigenen Partei zu revolutionär. Ende Juli 1933 wird sie in Sprendlingen mit ihrem Mann zusammen von der SA verhaftet. Zehn Monate Haft lautet das Urteil. Im Juni 1934 wird sie als gebrochene Frau, die gehörlos geworden ist, aus der Haftanstalt entlassen.

Fortan lebt sie bei ihrer Tochter in Sprendlingen. Der Schwiegersohn ist NSDAP-Mitglied, was sie aber nicht davor schützt, 1944 im August nochmals, mit ihrem Mann zusammen, wegen ihrer politischen Arbeit verhaftet zu werden. Als dieser zwei Monate später in der Haft stirbt, wird sie begnadigt. Über ihre Haftzeit spricht sie nie. Sie wird wieder von ihrer Tochter aufgenommen und stirbt 85-jährig am 3. Juli 1967.

Untrennbar verbunden mit dieser Biografie ist für mich die leider viel zu früh gestorbene Fränkisch-Crumbacherin und Hollerbuschfrau Gretel Kronburg, der ich eine kurze, aber wundervolle Freundschaft verdanke. Sie hat diesen Text aus dem Buch »12 vergessene Frauen« von Ingrid Langer erarbeitet.

Literaturhinweis

Langer, Ingrid: Zwölf vergessene Frauen. Die weiblichen Abgeordneten im Parlament des Volksstaates Hessen: Ihre politische Arbeit – Ihr Alltag – Ihr Leben, Frankfurt am Main 1989

Abschluss und Ausblick

Mit einem Gedicht von Ursula Lixfeld, von allen Ulix genannt, deren »Hexenfeuer« Sie im Text über die Hexenverfolgung finden, schließt sich nun der Reigen der »Wilden Weiber« aus dem Odenwald.

Ulix lebte jahrelang auf einem Bauernhof in Gumpersberg. Sie gehörte in dieser Zeit zu den Hollerbusch-Frauen. Vor einigen Jahren ist die Schriftstellerin und in Fachkreisen hochgelobte Pferdemalerin mit ihrem Pferd nach Schleswig-Holstein gezogen.

Im folgenden Gedicht erinnert sie uns Frauen daran, dass sie sich das Recht auf ein eigenes Leben nehmen sollen; ob sie nun im Odenwald leben oder sonst wo auf der Welt.

Die dumpfe Zeit ist um
jetzt ist Frauzeit
Gehzeit – Kommzeit
Sehzeit – Hörzeit – Sprechzeit
Träumzeit
Tanzzeit – Schwungzeit
lasst uns Feste feiern
Bilder malen
Bücher schreiben
lasst uns
lasst uns Trommelwirbel schlagen
auf dem Geschirr
lasst uns auf Besen reiten
durch den Vollmond fliegen
kichern, kreischen, flüstern
wir woll'n die alten Dinge wissen
nichts ist mehr geheim
nichts wird mehr verdeckt,
versteckt
die dumpfe Zeit ist endlich um.

(Ursula Lixfeld)[1]

---

1 Ursula Lixfeld: Wenn das Flügelpferd kommt, koch ich keinen Gelee. Gedichte und Zeichnungen, Bad König-Gumpersberg 1993; Abdruck mit freundlicher Genehmigung der Autorin.

Der Blick in die Zukunft richtet sich auf die Ankündigungen der nächsten Werkstatt-Projekte.

Die Odenwälder Frauengeschichtswerkstatt 2010 thematisiert: *»Zugereiste Odenwälderinnen – Vertreibung, Flucht und freiwillige Einwanderung in den Odenwald«*

Neulich sagte eine »eingeborene« Odenwälderin zu mir, als ich ihr von einer Bekannten erzählte, die in meinen Augen eine waschechte Odenwälderin ist: »Ach, Du monst die zugeraste Arras Liesel? Yo, dere är Mudder häwisch schon gekennt.« Auf meine erstaunte Nachfrage nach dem Kennzeichen »Zugereiste« meinte sie: »Ei, dere är Großeldern kumme doch von Pole!« So fragen sich »Zugereiste« häufig: Wann gehöre ich eigentlich in meiner Heimat, da wo jetzt mein Zuhause ist, »dazu«?

Das Thema der 4. Odenwälder Frauengeschichtswerkstatt bewegt sich im Spannungsfeld zwischen Freiheit und Gewalt, zwischen Freiwilligkeit und Zwang. Es werden Lebenswege von Frauen nachgezeichnet, die im Laufe der Zeit ihre Wahlheimat im Odenwald gefunden haben, sei es durch Flucht und Vertreibung, aber auch »wegen der Liebe«, der schönen Landschaft oder einer Arbeitsstelle.

Wie lebten z. B. Frauen, die nach dem 30-jährigen Krieg im 17. Jahrhundert aus der Schweiz einwanderten? Wie wurden Flüchtlingsfrauen aufgenommen, die es in den Odenwald verschlug? Und wie erging es Frauen, die ihren Männern nachzogen, sei es aus Liebe oder weil diese hier einen Arbeitsplatz gefunden hatten? Und angesichts der Tatsache, dass der Odenwald z. B. nach dem 30-jährigen Krieg und durch Pest und Hungersnöte fast völlig entvölkert war, stellt sich natürlich auch die Frage, ob es überhaupt »Eingeborene« gibt.

Eingeladen zum Mitmachen sind »Zugereiste« wie »Eingeborene«. Auch die diesjährige Odenwälder Frauengeschichtswerkstatt bietet wieder allen Frauen die Möglichkeit, sich mit dem

Thema im persönlichen Umfeld oder durch die Erforschung des Lebens historischer Frauen auseinanderzusetzen.

2011 soll es eine *Odenwälder Mädchengeschichtswerkstatt* geben. Hier wird Mädchen und jungen Frauen ermöglicht, in das Leben und Wirken ihrer Mütter, Groß- und Urgroßmütter einzutauchen. Mit Interviews, Literaturrecherchen und Familienforschung soll Mädchenleben in den vergangenen zweihundert Jahren erkundet werden.

Als weiteres Projekt der Odenwälder Frauengeschichtswerkstatt steht die konzeptionelle und inhaltliche Gestaltung von *touristischen Rundfahrten* zur Frauengeschichte im Odenwald auf dem Plan.

Doch auch die bisherigen Werkstatt-Projekte bleiben lebendig. Schon mit dem ersten Programm bekam ich Anfragen von Frauenzentren, Frauenbeauftragten, Geschichtsvereinen, Landfrauengruppen usw., ob wir das Programm auch auf einer ihrer Veranstaltungen präsentieren würden. So begannen wir, immer wenn sich die Gelegenheit bot, die einzelnen Programme ganz oder in Teilen erneut vorzuführen. Manchmal können auch nicht alle Frauen, die an einem Programm beteiligt waren, an einer weiteren Aufführung teilnehmen, dann ist eine Umbesetzungsabsprache oder auch -probe notwendig. Ich habe auch ein »Best off«-Programm zusammengestellt, d. h. etwas aus allen drei Programmen. Und ich bekomme auch schon einmal die Anfrage, ob wir thematisch zu einem ganz bestimmten Anlass mit ausgewählten Inhalten auftreten können. So z. B. zu Weihnachten mit den Lebkuchenbäckerinnen oder mit einem Wunschprogramm für eine Geburtstagsüberraschung. So bleiben die Inhalte aller Werkstätten lebendig und die Frauen, die daran teilnahmen, treffen sich immer einmal wieder. Wir freuen uns auf weitere Anfragen. Weitere Infos unter:
www.frauengeschichtswerkstatt-odenwald.org
info@frauengeschichtswerkstatt-odenwald.org

Zum Konzept der Frauengeschichtswerkstatt Odenwald

Frauen brauchen ihre Geschichte,
für ihren Mut, ihren Alltag und ihre Utopien.

Frauen haben durch ihr Wirken Spuren hinterlassen, die uns Einblicke in ihr soziales, kulturelles, politisches und alltägliches Leben ermöglichen. Ich halte es für wichtig, diese Spuren zu erforschen, zu dokumentieren und öffentlich weiterzugeben. Frauengeschichtsforschung macht sinnstiftendes und verantwortungsvolles Handeln von historischen Frauen sichtbar, zeigt positive Handlungsoptionen für die gesellschaftliche Entwicklung auf. Frauen brauchen stärkende, produktive Beziehungen unter Frauen und weibliche Vorbilder, aus dem aktuellen Erleben wie auch aus der Vergangenheit heraus. Und Männer müssen wissen, was Frauen denken, fühlen und wollen, auch in Bezug auf historische Zeiten. Das Wirken historischer Frauen öffentlich zu machen, heißt, Frauen in die symbolische Ordnung der Welt einzuschreiben. Dorothee Markert schreibt: »Symbolische Ordnung: das heißt Sprache, Bilder, Geschichte und Geschichten, Religionen und Weltanschauungen. Und an diesen Orten muss weibliche Autorität und weibliche Einflussnahme dargestellt und abgebildet sein, um ihre Wirkung zu entfalten.«[1] Geschichte mit dem Blick von Frauen zu erforschen, heißt, dem, was Frauen wichtig ist, nachzugehen, zu schauen, welche Fragen sie an die Geschichte haben und wie sie sie interpretieren und deuten. Es bedeutet nicht, der patriarchalen Geschichtsschreibung *die Frauen* hinzuzufügen und damit eine

1 Dorothee Markert: Wachsen am Mehr anderer Frauen. Vorträge über Begehren, Dankbarkeit und Politik, Rüsselsheim 2009, S. 165

vermeintliche Lücke zu füllen. Frauengeschichte ist notwendig, um eigene sinnstiftende Identitäten auszubilden, die sich nicht nur absetzen von den Zumutungen männlicher Rollenvorgaben, sondern darüber hinaus positive Identifikationen mit der allgemeinen und der persönlichen Geschichte sind. Dazu gehört auch die Geschichte der Heimat, des persönlichen Lebensraumes. So kann eine *Verankerung* in der Welt geschehen, die sich nicht an patriarchalen Vorbildern orientiert.

Geschichte, die mit dem Blick von Frauen erforscht wurde, ist nach wie vor in der Odenwälder Geschichtsschreibung unterrepräsentiert, obgleich einzelne Beiträge schon immer die Heimatliteratur bereicherten. Und als positive Entwicklung ist festzustellen, dass zunehmend Frauen auch im Rahmen historischer Literatur wie auch öffentlicher Präsentation, in Führungen und Vorträgen, sichtbar werden – vor allem durch das Interesse und Wirken von Frauen. Zu diesem Sichtbarwerden möchte ich mit der Arbeit der Odenwälder Frauengeschichtswerkstatt beitragen.

Die Frauengeschichtswerkstatt hat sich zum Ziel gesetzt, in oben beschriebenem Sinn Geschichte von Frauen aus dem Odenwald durch Recherche, Dokumentation und öffentliche Präsentation lebendig werden zu lassen. Mit dieser Absicht haben schon vielfältige Aktivitäten stattgefunden.

Erinnert sei hier besonders an die großen Ausstellungen im Michelstädter Odenwaldmuseum, die in enger Zusammenarbeit mit der Odenwälder Erzähl- und Spielgemeinschaft Hollerbusch e.V. und hier besonders von Ima Krüger und mir konzipiert und durchgeführt wurden:

- 2003 zeigten wir »MATRONIS, auf den Spuren der alten Göttinnen«[2] in Zusammenarbeit mit dem Frauenmuseum Bonn.

2 Siehe hierzu: www.frauengeschichtswerkstatt-odenwald.org

- 2006 präsentierten wir »küssen & kämpfen – Künstlerinnen begegnen Keltinnen, Germaninnen und Römerinnen«.[3] Hier forderten wir Odenwälder Künstlerinnen auf, sich während der Ausstellungszeit in Interaktion mit dem Publikum mit dem Thema auseinanderzusetzen[4]. Historische Exponate komplettierten die Ausstellung.

Im Landratsamt in Erbach gestaltete ich unter Federführung der Kreisfrauenbeauftragten und des Kreisarchives zwei Ausstellungen mit:

- 2007: »... um die Stimmen der Frauen – Das Frauenbild der Parteien im Spiegel ihrer Wahlplakate«[5]; im Vorfeld dieser Ausstellung führte ich Medienprojekte mit jungen Frauen des MMZ[6] durch. »Frauenbewegung – Feminismus – Frauenrechte, unser Kampf um Gleichberechtigung« und »Wählerinnen und die Frauen des Odenwald-Kreistages« waren die Themen. Die Power-Point-Präsentationen wurden in der Ausstellung gezeigt.
- 2010: »Füllhorn, Waage, Schwert – Justitia ist eine Frau«[7]; diese Ausstellung bereitete ich mit einem Philosophinnen-Stammtisch zum Thema »Gerechtigkeit, die wir meinen« und einem Werkstatt-Tag zur Gestaltung von themenbezo-

---

3 Siehe hierzu: www.frauengeschichtswerkstatt-odenwald.org

4 Beispielhaft sei hier die Arbeit der Bildhauerin Eva-Gesine Wegner genannt, sie arbeitete eine kleine weiße Frau aus Alabaster, mit der sie im Rahmen der Ausstellung den Pilgerweg »Quellendank im Odenwald« am Weißgraubrunnen in Güttersbach/Mossautal ins Leben rief. Siehe: www.evagesine@wegner.de

5 Eine Wanderausstellung von Dr. Karin Ehrich, Büro für Geschichte und Biografie, Hannover; siehe: www.frauengeschichtswerkstatt-odenwald.org

6 MedienMädchenZukunft, Bildungswerk der Hessischen Wirtschaft e.V., Büro Michelstadt

7 Eine Wanderausstellung von Dr. Barbara Degen, Haus der Frauengeschichte, Bonn; siehe den Katalog zur Ausstellung: Barbara Degen: Justitia ist eine Frau. Geschichte und Symbolik der Gerechtigkeit, Opladen 2008, siehe auch: www.justitia-ausstellung.de und www.hdfg.de

genen Skulpturen vor. Die Ergebnisse flossen in das Ausstellungskonzept ein.[8] Weitere Frauen bereicherten mit eigenen Veranstaltungen das Rahmenprogramm.

Diese Projekte wie auch die Frauengeschichtswerkstätten sind Ausdruck davon, dass das persönliche Selbstverständnis meiner Arbeit ein vielschichtiges Zusammenwirken von Motivationen, Intentionen und Professionen beinhaltet. Ausgangspunkt findet mein Wirken in der Gewissheit, dass das Patriarchat zu Ende ist. Das beinhaltet für mich, dass ich mich tagtäglich davon leiten lasse, meinem persönlichen Begehren zu folgen und es in den Austausch mit anderen Frauen und mit der Welt zu bringen, mich also möglichst nicht an patriarchalen Werten zu messen. Mit Antje Schrupp stimme ich überein, wenn sie schreibt: »Das Patriarchat ist dann zu Ende, wenn Frauen nicht mehr daran glauben. Es hängt nicht von den Männern, den Verhältnissen, den Gesetzen ab. Sondern davon, dass Frauen sich nicht am Maßstab des Patriarchats orientieren, dass sie ihm andere Maßstäbe entgegensetzten.«[9] So gibt es eigentlich in dieser patriarchalen Berufswelt keinen Ort, an dem ich mich mit meiner Art zu arbeiten wohlfühle. Berufe sind für mich immer wieder wechselnde Möglichkeiten und Notwendigkeiten, mich in dieser Welt zu verorten.

Nachdem ich mich lange Zeit im pädagogischen Spektrum bewegt habe, entdecke ich seit einigen Jahren den kreativen, künstlerischen Bereich als Ort meines Schaffens. Als Ritual-Künstlerin, Theaterpädagogin und Geschichtsforscherin sind die Frauen-

8 Siehe hierzu: www.frauengeschichtswerkstatt-odenwald.org

9 Antje Schrupp: »Warum das Patriarchat zu Ende ist«, Vortrag gehalten am 14. Juni 2001 beim Deutschen Evangelischen Kirchentag, veröffentlicht in: Frauenschritte in die Zukunft, Dokumentation von Veranstaltungen der Frauenwerkstatt beim Deutschen Evangelischen Kirchentag in Frankfurt am Main, zu bestellen über: info@evangelische-frauenarbeit.de

geschichtswerkstätten auch Ausdruck meines künstlerisch kreativen Schaffens. Kunst verstehe ich als eine Ausdrucksart und Lebensäußerung, die mitten aus dem Leben entspringt und für das Leben da ist. Kunst ist Lebensbewältigung, Lebensgestaltung. Kunst ist mitten im Leben und dient dem Leben. Sie unterstützt das Leben und verleiht ihm Aussagekraft im Alltag. Künstlerisches Schaffen dient den Menschen, ihre Ein-Stellungen nach außen sichtbar zu machen und so einen aktiven Prozess der Wandlung mitzugestalten. So ist meine Arbeit mit der Frauengeschichtswerkstatt eng verknüpft mit meinen Aktivitäten als Ritual-Künstlerin und der Theaterarbeit, wobei letztere auch eher der »Bühne des Lebens« gilt als dem passiv zuschauenden Publikum. All diese Aspekte sind eng miteinander verwoben, eins ergibt sich aus dem anderen, eins unterstützt das andere.

Mit der Arbeit der Frauengeschichtswerkstatt möchte ich vorrangig eine Erinnerungskultur praktizieren, die nicht ihr Hauptaugenmerk auf die Entdeckung und Archivierung historischer Fakten legt. Das ist eine wichtige Arbeit, aber eigentlich nur Mittel zum Zweck. Den Sinn meiner historischen Arbeit sehe ich darin, dass ich heute lebenden Menschen Raum geben möchte, Fragen an die Geschichte zu stellen, deren Beantwortung sie bei der Bewältigung ihres aktuellen Lebens unterstützt. Dabei geht es nicht darum, sich in historischen Ereignissen bzw. Personen zu spiegeln, also das Bekannte wiederzufinden. Geschichtsforschung soll Inspiration sein, den immerwährenden Veränderungsprozess in sich selbst und in der Welt so zu gestalten, dass alle einen sinngebenden Platz darin finden, der allen ein gutes Leben ermöglicht. Auch hierin stimme ich der Analyse von Antje Schrupp zu: »Eine solche Sicht auf die Geschichte als ein Bezugsgewebe, das keine objektive Gültigkeit hat, sondern seine Bedeutung daher bekommt, dass wir uns heute mit den Handelnden von damals in eine Beziehung setzen, erfordert auch eine andere Art der Erinnerung und

Geschichtsschreibung. Es geht nicht um eine Anhäufung von Wissen über Daten und Fakten und Personen, sondern um eine Auseinandersetzung mit einem Gegenüber. Ich spiegele mich nicht in historischen Frauen, sondern ich lasse mich in der Begegnung mit ihnen verändern.«[10] Auf diesem Hintergrund findet eine sich bereichernde Begegnung zwischen Geschichte, dem aktuellen Geschehen und Zukunftsvorstellungen statt. Dieser Prozess sucht nicht nur Übereinstimmungen, sondern formt sich auch an Herausforderungen, in Gegensätzen, Fremdem und Andersartigem. Antje Schrupp schreibt weiter: »Dann treten Geschichte und Gegenwart tatsächlich in einen lebendigen Austausch, wird ›Wichtigkeit‹ jenseits von ›Objektivität‹ neu definiert – und zwar nicht nur theoretisch, sondern real, verkörpert in jeder Frau, die sich ernsthaft und engagiert mit der Vergangenheit beschäftigt.«[11]

Indem wir die Gesellschaft und die Zeit durch die Geschichte betrachten, erschließen wir uns die Lebenswelt als Frauen. Die geschichtlichen Quellen werden zur Grundlage, die die Erfahrungen von historischen Frauen zum Ausdruck bringen. Erfahrungen, zu denen wir die unseren in Beziehung setzen können. Auch wenn die Lebenswelten von Frauen aus vergangenen historischen Epochen uns fremd sind, so ist es doch gerade diese Fremdheit, die zur Infragestellung unserer heutigen Werte und Normen führen kann. So können wir zu neuen Erkenntnissen und Einsichten gelangen, auf neue Ideen kommen. Die historische Distanz bringt uns eine Annäherung an heutige Fragestellungen in unserem Leben. So ist es auch nicht notwendig, die Vergangenheit mit unseren Wunschpro-

---

10 Antje Schrupp: »Brauchen wir ›große Frauen‹? Vom Sinn und Unsinn historischer Frauenforschung«, Vortrag im Evangelischen Frauenbegegnungszentrum Frankfurt am Main, 20.4.2006, veröffentlicht: www.antjeschrupp.de; siehe auch Antje Schrupp: Was wäre wenn? Über das Begehren und die Bedingungen weiblicher Freiheit, Königstein/Ts. 2009

11 Ebd.

jektionen zu überfrachten und damit den historischen Frauen unter Umständen Unrecht zu tun, sondern wir richten Sinn und Zweck der Geschichtsforschung auf die Gegenwart und die Zukunft. Andrea Günter hat das sehr treffend formuliert: »Das Vorbild steht für eine Differenz, die dadurch fruchtbar wird, dass sie frei aufgegriffen wird. Vorbilder für Frauen zu suchen, heißt die Kraft der Ungleichheit in Beziehungen in Anspruch zu nehmen. Bei der Suche nach weiblichen Vorbildern ist es daher nicht sonderlich ergiebig, auf Frauen zurückzugreifen, die den eigenen Vorstellungen, Eigenschaften oder Pflichten entsprechen. Wichtig ist hingegen, ob diese Frauen dazu anregen, einen Weg für das eigene Begehren in der Welt zu finden, dabei weibliche Größe zum Ausdruck zu bringen sowie weibliche Freiheit zu erringen und zu bewahren.«[12]

Um aus dieser *Kraft der Ungleichheit* zu schöpfen, sie mit dem eigenen Begehren, dem eigenen Wünschen und Wollen in Beziehung zu setzen, gehört es zum Konzept der Frauengeschichtswerkstatt, dass die Teilnehmerinnen sich einen unmittelbaren eigenen Bezug zum Thema erarbeiten. Sie sollen sich mit ihren Motivationen und persönlichen Bezügen zum Werkstatt-Thema auseinandersetzen, diese möglichst zum Ausgangspunkt und zum erkenntnisleitenden Interesse machen. So entstehen eigene Fragen an die Geschichte, an historische Frauen, ihre Ideen und ihr Begehren, aber auch an das gelebte Leben mit all seinen Brüchen und Widersprüchen. Ich möchte damit auch dem Publikum deutlich machen, welche Wertschätzung den historischen Frauen im persönlichen Leben jeder Teilnehmerin gegeben wird. Das wirft auch einen Blick auf die vielfältigen Lebenskonzepte der teilnehmenden Frauen. Da das Alter der Teilnehmerinnen ein großes Spektrum aufweist, wird dieser eigene Bezug zum Thema auch immer in den zeitge-

---

12 Andrea Günter: Frauen$_{vor}$Bilder – FrauenVorbilder. Die weibliche Suche nach Orientierung, Rüsselsheim 2003, S. 53

schichtlichen Kontext gesetzt, was auch die jüngste Geschichte auf vielfältige Weise »ins Spiel bringt«.

Da der eigene Bezug zum Thema, mal mehr mal weniger, auch in der jeweiligen Präsentation berücksichtigt werden sollte, wird auch damit zum Ausdruck gebracht, dass Geschichte nicht nur das Sammeln und Archivieren von historischen Daten bedeutet. So entstand in der ersten Frauengeschichtswerkstatt, in der wir uns besonders mit unserem Geschichtsverständnis auseinandersetzten, der Odenwälder FrauenGeschichtsBaum.[13] Die zweite Werkstatt brachte uns mit unseren eigenen »Bewegungsbiografien« in Kontakt, indem wir uns fragten, wie wir als Kinder am liebsten »unterwegs« waren und wie wir uns heute fortbewegen.[14] Und in der dritten Werkstatt versuchten wir, uns über das Schreiben von Gedichten den Frauen zu nähern, die uns sehr fremd waren: den Adeligen und unsere eigenen Vor-Urteile zu überprüfen sowie persönliche Einstellungen zum Thema »Beherrschen und Beherrschtwerden« auszutauschen.[15]

Die Frage, welche historischen Frauen bzw. Lebenszusammenhänge oder Ereignisse zum Forschungsthema gemacht werden, wird in erster Linie von der einzelnen Teilnehmerin bestimmt, die *ihre* Frau oder *ihr* spezielles Thema innerhalb des inhaltlichen Rahmens des jeweiligen Projektes der Frauengeschichtswerkstatt aussucht. Auswahlkriterien finden sich da, wo das persönliche Interesse liegt. Es richtet sich z. B. nicht nach der besonderen Leistung der historischen Frau oder Gesichtspunkten wie Ausgewogenheit oder das Einbeziehen möglichst aller Aspekte. Es kam aber auch schon vor, dass eine historische Frau in der Gesamtgruppe umstritten war. Es

---

13 Siehe die Einleitung im Kap.: »Wo wilde Weiber wohnen – Frauengeschichten aus dem Odenwald«

14 Siehe die Einleitung im Kap.: »Im Zug der Zeit – Odenwälderinnen in Bewegung«

15 Siehe die Einleitung im Kap.: »Die Frauschaft der Herrschaft – Adelige Odenwälderinnen und die Frauen, die ihnen dienten«

handelte sich um eine Politikerin aus der jüngsten Odenwälder Geschichte. In der Auseinandersetzung ging es um den Wunsch einiger Teilnehmerinnen nach parteipolitischer Ausgewogenheit. Erwartet wurde von mir die Ausgrenzung der vorgeschlagenen Frau. Ich stellte den Kritikerinnen anheim, selbst das Spektrum durch die Wahl der eigenen historischen Frau zu erweitern. Dazu war aber das persönliche Interesse bei den Frauen nicht groß genug. So blieb es bei der Entscheidung gegen die Ausgewogenheit. Ich gehe davon aus, dass da, wo das Erkenntnisinteresse einer Teilnehmerin sich entfaltet, wo ihre Neugierde entfacht ist, der größte Gewinn für die Teilnehmerin wie auch für das gesamte Projekt herauskommt. Hier vertraue ich auf die Magie, die Wirkkraft, den Geist des Geschehens. Dieses entfaltet sich besonders gut, wenn die Frauen ihren persönlichen Neigungen und Wünschen, also ihrem Begehren nachgehen können und wenn nicht nur der Intellekt angesprochen wird, sondern das Thema auf vielfältige Weise erschlossen werden kann. Dazu trägt besonders die Erarbeitung der Bühnenauftritte in der Frauengeschichtswerkstatt bei.

Mit theaterpädagogischem Konzept[16] werden die Bühnenaufführungen getextet und in Szene gesetzt. Schon vom ersten Werkstatt-Tag an üben wir uns in Bühnenpräsenz und theatralischen Ausdrucksformen, schulen unsere Stimmen und unser Rhythmusgefühl. Vertrauen in die eigene Stimme soll entfaltet werden. Theater zu spielen fördert die individuelle Ausdruckskraft der Frauen, lässt sie ihre Bewegungsmöglichkeiten erfahren und eröffnet ihnen damit einen Freiraum, um andere Lebensentwürfe zu erproben. Mit den theaterpädagogischen Übungen versuche ich die kreativen Ressourcen der Teilnehmerinnen anzusprechen und stärke da-

16 Empfehlenswerte Literatur zur Theaterpädagogik: Gisela Hones/Rita Willerding: Praxisbuch feministische Theaterpädagogik, Frankfurt am Main 1992; Gitta Martens (Hg.in): Feministische Theaterpädagogik, Grundlagen und Projekte, Remscheid 1992

durch ihr Selbstbewusstsein. Damit setzen sich auch Prozesse der Selbsterkenntnis in Gang. Die Spielerinnen sind aufnahmebereiter für die vielfältigen Anregungen, die von außen kommen, und sensibler für die inneren Reaktionen und Impulse. Die Teilnehmerinnen üben, die Schwierigkeiten zu überwinden, sich zu zeigen, im Mittelpunkt zu stehen, wenn alle Aufmerksamkeit auf sie gerichtet ist. Es ist aber auch wichtig zu lernen, sich zurückzunehmen, die anderen nicht »an die Wand« zu spielen. Die Teilnehmerinnen erfahren ihre eigenen Möglichkeiten und Grenzen, denn es gilt, das körperliche und inhaltliche Leben der Figur oder der Rolle zu erarbeiten und zu einer glaubhaften Darstellung und einer publikumswirksamen Präsenz auf der Bühne zu finden. Daher sind die Frauengeschichtswerkstätten auch Orte, an denen Frauen ihre Ausdrucksfähigkeit zusammen mit anderen Frauen entfalten und die Freiheit, auf der Bühne zu stehen und zu spielen bzw. vorzutragen, entdecken können.

Zum Ablauf der Frauengeschichtswerkstätten

Die *Themenfindung für die einzelnen Werkstätten* verläuft sehr unterschiedlich. Mal ist mein persönliches Interesse ausschlaggebend, mal ein Ereignis aus dem Odenwälder Alltag. So war z. B. beim Programm »Im Zug der Zeit – Odenwälderinnen in Bewegung« ein Jubiläum der Auslöser. Das Odenwälder »Lieschen« war eine Eisenbahn, die Jahrzehnte lang das Leben in dem Tal bestimmte, in dem ich wohne. Oder es entwickelte sich ein Thema aus der Diskussion mit Zuschauerinnen, wie beim nächsten geplanten Programm über die »Zugereisten Odenwälderinnen«.

In der *Vorbereitungszeit* sammle ich Spuren und Geschichten von Frauen, die zum Thema passen. Ja, ich sammle eigentlich immer alles zum Thema Frauengeschichte, habe eine umfangreiche Materialsammlung, aus der ich schöpfen kann. Auch die Zusammenarbeit mit den Archiven und den HeimatforscherInnen bringt manches zu Tage. Dies ist auch die Zeit, in der die Auftrittsorte festgelegt werden, sich Möglichkeiten für Exkursionen auftun oder ich Kontakt zu Menschen bekomme, die Wesentliches zum Thema per Referat oder in Verschriftlichungen beitragen können. Im Vorfeld zu einer Frauengeschichtswerkstatt sprechen mich zudem bekannte und unbekannte Frauen an, die einen persönlichen Bezug zum Thema haben und vielleicht etwas aus ihrer Familiengeschichte beitragen wollen oder anderweitig Interesse bekunden. So erklärte mir schon im letzten Herbst eine Frau, dass sie bei der nächsten Werkstatt 2010 zum Thema »Zugereiste Odenwälderinnen« auf alle Fälle dabei sein möchte – denn als immer noch »Zugereiste« möchte sie in diesem Jahr ihr 40-jähriges Odenwald-Jubiläum feiern und fragt sich schon einige Zeit, wie sie das machen soll. Jetzt ist sie begeistert von der Idee, es im Werkstattrahmen zu gestalten.

Zum *ersten Werkstatt-Tag* bringen die Teilnehmerinnen teilweise schon inhaltliche Vorschläge mit oder wissen bereits genau, über welche historische Frau sie arbeiten wollen, alle anderen finden aus dem Fundus der von mir vorgestellten Frauen oder Themenzusammenhänge *ihre* Frau, *ihr* konketes Thema. Oder sie kommen auf Ideen, in welche Richtung sie forschen möchten. An diesem Tag werden Allgemeininformationen zu der historischen Zeit bzw. zum Frauenleben im Rahmen des Themas eingebracht. Unsere Kreisarchivleiterin Anja Hering ist hier mit ihrem Wissen und ihren Möglichkeiten eine wichtige Quelle und Unterstützung. Sie eröffnet auch Einblicke in die Arbeit von Archiven, Bibliotheken und musealen Geschichtspräsentationen. Mit den Teilnehmerinnen erarbeite ich ihren persönlichen Bezug zum Thema. Sie sollen sich über ihre Motivationen und persönlichen Bezüge Klarheit verschaffen. Dieser Aspekt zieht sich durch alle Werkstatt-Tage und hat seinen Raum auch in der öffentlichen Präsentation. Manchmal findet ein Teil des Tages in zum Thema passenden historischen Räumen statt. Ich biete theaterpädagogische Übungen zur Bühnenpräsenz und Stimmübungen an. In der Vorstellungsrunde zu Beginn des Tages hat sich jede Frau auch schon einmal »auf der Bühne« vor allen anderen Teilnehmerinnen ausprobiert. Ziel des ersten Werkstatt-Tages ist es, dass jede Teilnehmerin ihr Thema aussucht, die ersten Schritte festlegt, wie sie es erarbeiten möchte, und dass sie sich mit ihrem persönlichen Bezug zum Thema auseinandersetzt. Jede Teilnehmerin wird ihre Geschichte in zweifacher Hinsicht erarbeiten. Einmal soll eine umfassende schriftliche Fassung für die Grunddokumentation entstehen, die alle recherchierten Aspekte enthalten soll. Zum anderen soll es eine Bühnenfassung geben. Diese ist manchmal sehr reduziert, weil die Teilnehmerin sich entscheidet, ein szenisches Anspiel zu schreiben und zu gestalten, oder weil die Informationen so umfangreich sind, dass sie den zeitlichen Rahmen der Präsentation sprengen würden.

In der Zeit *zwischen dem ersten und dem zweiten Werkstatt-Tag* arbeite ich mit den Frauen, die das wünschen, individuell an ihren Geschichten. Hier stehen die Frage der Eingrenzung des Themas und die Wege der Recherche im Mittelpunkt. In dieser Zeit gibt es auch die Möglichkeit, die Arbeit in Archiven und Büchereien kennenzulernen. Wir nehmen Kontakt zu Zeitzeugen oder Menschen auf, die zum konkreten Thema gearbeitet haben bzw. darüber etwas wissen. Dazu gehört auch einmal der gemeinsame Ausflug in ein entfernteres Archiv oder die gemeinsame Internetrecherche, wenn eine Frau darin nicht bewandert ist. Es ist auch schon geschehen, dass sich eine Teilnehmerin in dieser Zeit bezüglich ihres Themas nochmals umorientiert hat. Das sind dann ganz aufregende Momente, die aber meiner Erfahrung nach zu stimmigeren

Ergebnissen führen, weil die Frau nun einen klaren Focus auf das gerichtet hat, was sie will, was ihr Interesse ist.

Beim *zweiten Werkstatt-Tag,* ca. drei Wochen später, präsentieren die Frauen schon erste Ergebnisse ihrer Arbeit. Letzte Spurensuchen zur Erarbeitung des Themas werden besprochen.

Überlegungen zur Bühnenpräsentation stehen ab dann im Mittelpunkt. Die Frauen müssen entscheiden, ob sie das Vortragen von Texten oder szenische Inszenierungen einüben möchten. Es wird auch gesungen, wenn ein Lied zum Vortrag gehört, oder das chorische Sprechen trainiert, wenn ein Text entsprechend vorgetragen werden soll. Jede legt fest, in welchem Kostüm sie auf die Bühne geht. Die Werbung für die Aufführungen wird besprochen, alle helfen dabei mit.

In der *Zeit zwischen dem zweiten Werkstatt-Tag und dem Proben-Wochenende* bin ich wieder bei allen Unwägbarkeiten gefragt, gemeinsam nach Lösungen zu suchen. Manchmal müssen wir ein Thema noch etwas umstellen oder es ergeben sich spannende neue Aspekte, die eingebaut werden müssen. Das Konzept der Bühnenpräsentation konkretisiert sich, ggf. werden Dekorationen gebaut, Kostüme werden zusammengestellt – ein gemeinsamer Ausflug in einen Secondhandshop kann hier hilfreich und auch mit sehr viel Spaß verbunden sein.

Ungefähr zwei Wochen später schließt sich ein *Werkstatt-Wochenende* an, das ganz im Zeichen des Gesamtkonzepts der Präsentation steht. Die Frauen haben ihre Bühnentextfassung und ihre Gesamttexte fertig. Zu Beginn diskutieren wir meinen Präsentationsvorschlag, d. h. die Rahmenhandlung und den Ablaufplan, anhand einer Durchlaufprobe. Änderungen werden eingebaut und Umstellungen vorgenommen. Wenn es möglich ist, proben wir an den Auftrittsorten. Zum Abschluss des Wochenendes gibt es eine Generalprobe vor kleinem Publikum, mit anschließendem Gespräch, in dem Raum für Rückmeldungen und Kritik ist.

Im Rahmen der *Präsentationsveranstaltungen* werden dann die ausgewählten Odenwälderinnen unterschiedlichster Epochen und Lebenszusammenhänge im Rahmen szenischer Lesungen vorgestellt. Es finden zwei Veranstaltungen statt. Einmal im Gersprenztal und einmal im Mümlingtal. Da es eine *Eigenart* des Odenwälder Publikums ist, dass wenige »über die Buckel fahren«, spielen wir eben »hüben und drüben«. Spannend sind auch die Gespräche nach dem Applaus mit dem Publikum. Sie bringen oft inhaltlich neue Aspekte, manchmal auch Infragestellungen, aber bisher immer die ersehnte Anerkennung. Und sie zeugen vom Interesse an Frauengeschichte – an Geschichte, von Frauen erforscht –, das wir wecken oder verstärken konnten.

Das erste Programm brachte uns sogar den »Auftritt« in einem Reiseroman über den Odenwald.[17] Marita und Jürgen Alberts, ein Bremer Schriftstellerehepaar, ließ uns »mitspielen«. Wir gaben mit unserer Frauengeschichtsarbeit der Romanhandlung eine nicht unbedeutende Wende.

Resümierend kann ich Antje Schrupps Antwort auf die Fragen »Brauchen wir ›große‹ Frauen?« und »Welchen Sinn hat die historische Frauenforschung?« nur zustimmen: »Ja, wir brauchen ›große‹ Frauen. Aber diese Größe bemisst sich nicht an ihrer objektiven, weltgeschichtlichen Bedeutung, sondern daran, welche Bedeutung diese Frau für mich hat, ob sie mich so begeistert, dass ich gerne von ihr erzähle und mich dafür einsetze, die Erinnerung an sie lebendig zu halten, weil ich etwas von ihr gelernt habe und weil sie mich weitergebracht hat.«[18]

---

17 Marita und Jürgen Alberts: Der Fremdenführer, Hildesheim 2007

18 Antje Schrupp: »Brauchen wir ›große Frauen‹? Vom Sinn und Unsinn historischer Frauenforschung«, Vortrag im Evangelischen Frauenbegegnungszentrum Frankfurt am Main, 20.4.2006, veröffentlicht: www.antjeschrupp.de

Zur Herausgeberin

Barbara Linnenbrügger, 1951 geboren, wollte schon als Jugendliche ihr Leben nicht nach Männer-Normen und -Werten ausrichten und meint: »Wie gut wäre es gewesen, wenn ich damals schon Feministinnen begegnet wäre, die mir die Welt erklärt hätten!« Mitte der 70er-Jahre fand sie ihre Heimat im Feminismus und in der Frauenbewegung. Nach vielen Großstadtjahren lebt sie heute vorrangig in Frauenzusammenhängen im Odenwald, engagiert sich als Ritual-Künstlerin und Theaterpädagogin, arbeitet mit an Ausstellungen zur Frauengeschichte und leitet seit Jahren die Frauengeschichtswerkstatt Odenwald.
(Weitere Infos: www.linnenbruegger.org)

Besonderen Dank für ihre unermüdliche Unterstützung bei der Fertigstellung des Buches richte ich an Mechtild Stöber, Anja Hering, Eva-Gesine Wegner, Ima Krüger, Hildegard Bassler, Ursula Reuter und Ulli Zelta-Rosche. Manuela Meyer-Schwenk danke ich für das schwungvolle Bild, das den Buchumschlag schmückt.

Großer Dank geht an Christel Göttert und Bettina Bremer, ohne sie wären die Inhalte dieses Buches nur einem kleinen Kreis von OdenwälderInnen in kopierter Rohfassung zugänglich gemacht worden, und das wäre wirklich sehr schade gewesen. Ich wünsche für den Christel Göttert Verlag, dass es auch weiterhin gelingt, so konsequent das Begehren von Frauen in Büchern zu verbreiten, und viele LeserInnen, die durch diese Bücher bereichert werden.

Bildnachweis

S. 25: Foto mit freundlicher Genehmigung von Dr. Holger Göldner, Landesamt für Denkmalpflege Hessen, Abteilung Archäologische und Paläontologische Denkmalpflege, Darmstadt

S. 34: Foto © Georg Kredel, Brensbach und Kreisarchiv des Odenwaldkreises, Erbach

S. 36, 42: Fotos © Lina Keil, Reichelsheim

S. 51: Foto © Hilde Katzenmeier, Fränkisch-Crumbach

S. 53: Foto © Kreisarchiv des Odenwaldkreises, Erbach

S. 64: Foto © Gabriele Lermann, Lützelbach

S. 65: Foto © Martina Emmerich, Groß-Zimmern

S. 66: Foto © Anja Hering, Erbach

S. 67o.: Foto © Lina Keil, Reichelsheim

S. 68u.: Foto © Ursula Reuter, Reichelsheim

S. 69u.: Foto © Martina Schmitt, Groß-Bieberau

S. 73: Foto aus: Gertrud Pfister: Fliegen – ihr Leben. Die ersten Pilotinnen, Berlin 1989, S. 31

S. 75: Foto aus: Gertrud Pfister: Fliegen – ihr Leben. Die ersten Pilotinnen, Berlin 1989, S. 39

S. 82, 85 u. 90: Fotos © Martina Emmerich, Groß-Zimmern

S. 92: Foto aus: Heimat- und Geschichtsverein Bad König e.V. (Hg.): Bad König im Odenwald in alten Ansichten, Bad König 1983, S. 97

S. 94, 97: Fotos © Jürgen Martini, Reichelsheim

S. 102, 106: Fotos: Meier, Traisa; Sammlung Regionalmuseum Reichelsheim Odenwald, Rathausplatz 7, 64385 Reichelsheim

S. 108: Foto © Martina Emmerich, Groß-Zimmern

S. 112: Detail aus dem Gemälde »Einhard und Imma«, unbekannter Meister, Öl auf Leinwand, 17. Jh., Odenwaldmuseum Michelstadt; Foto mit freundlicher Genehmigung des Magistrats der Stadt Michelstadt, Kulturamt

S. 118f.: Fotos © Bernd Sykora, Fränkisch-Crumbach

S. 121: Foto © Lupold von Lehsten, Bensheim

S. 126: Foto © Dr. Monika Erbach-Schönberg, Frankfurt am Main

S. 128: Unbekannter Maler, Öl auf Leinwand, 83 x 66 cm; Foto © Stiftung Saarländischer Kulturbesitz, Inv.-Nr. 1516 (AXLIV-007)

S. 131: Unbekannter Maler © Verein Bezirksmuseum e.V., Buchen

S. 136, 138: Fotos © Rentkammer Erbach-Erbach, Erbach

S. 162: Foto © Wolfgang Mackert, Buchen

S. 175 : Foto © Otti Röhner, Fränkisch-Crumbach

S. 176, 178f.: Fotos © Jürgen Göttmann, Reichelsheim

S. 181: Foto © Agnes Barmettler, Zürich

S. 207: Foto © Jorinde Michel, Höchst

Alle anderen Abbildungen sind im Besitz von Barbara Linnenbrügger oder frei verfügbar.
Herzlicher Dank geht an alle, die Fotos zur Verfügung gestellt haben.

Miss Marples Schwestern (MMS)

ist ein Netzwerk zur Spurensuche von Frauengeschichte vor Ort. Wir sind ein bundesweiter Zusammenschluss von Gruppen, Projekten, Vereinen und Einzelfrauen. Wir erforschen regionale und lokale Frauengeschichte und sind im außer- und im universitären Bereich tätig. Ergebnisse unserer historischen Spurensuche nach Frauen vor Ort setzen wir didaktisch im öffentlich politischen Raum um: beispielsweise durch Stadtrundgänge zu Fuß, mit Rad, Bus oder Schiff, durch Ausstellungen, Publikationen und andere Aktionen. Dabei wenden wir verstärkt experimentelle und forschungskritische Vermittlungsansätze an.

Von Jahr zu Jahr werden unsere Maschen dichter und europäischer. Mittlerweile diskutieren »Schwestern« aus über fünfzig Städten in Deutschland, Österreich, Belgien, Tschechien und der Schweiz. Unser Netzwerk ist kein markt- und profitorientiertes Dienstleistungsunternehmen, sondern versteht sich als Teil jener sozialen Bewegungen, die seit den 1970ern in unterschiedlichsten Kontexten kritische Geschichtsanalyse in Ost und West betreiben.

http://www.miss-marples.net

Das Haus der FrauenGeschichte und die Annette-Kuhn-Stiftung machen Frauengeschichte sichtbar

In einem **Haus der FrauenGeschichte** sollen – mit Dauer- und Wechselausstellungen – die abgebrochenen Pfade, die das historische Frauenleben mit dem Leben der Frauen in der Gegenwart verbinden, wieder aufgenommen werden. Das Wirken von Frauen in der Geschichte soll sichtbar gemacht und gewürdigt werden. Die gesamte Menschheitsgeschichte von den Anfängen bis in unsere Gegenwart soll aus Frauensicht (neu) betrachtet werden, so dass die Kontinuität von matriarchalen Mustern auch in den Kontexten patriarchaler Geschichte als Grundlage der historischen Entwicklung deutlich wird.
Der traditionell männliche Blick wird relativiert und die Geschichte bekommt ein anderes, ein umfassenderes Gesicht.
Das Haus der FrauenGeschichte **(www.hdfg.de)** und die Annette-Kuhn-Stiftung sind auch Herausgeberinnen der historischen Zeitschrift **„Spirale der Zeit / Spiral of Time"** (halbjährlich, dt./engl.), die weibliche Erfahrungen und Zukunftsvisionen von Frauen in den Blick nimmt und das Handeln und Träumen von Frauen früherer ZeitRäume als Teil der eigenen Geschichte erfahrbar macht.
Wir freuen uns über jede Form der Unterstützung bei der schrittweisen Realisierung eines realen Hauses der FrauenGeschichte. Eine Möglichkeit ist Ihr Beitritt zum **Förderverein Baustein FrauenGeschichte e.V.**

hdfg
HAUS DER FRAUENGESCHICHTE

Bücher aus dem Christel Göttert Verlag

Andrea Günter

FrauenvorBilder – FrauenVorbilder

Die weibliche Suche nach Orientierung

ISBN 978-3-922499-65-7

Dorothee Markert

Wachsen am Mehr anderer Frauen

Vorträge über Begehren, Dankbarkeit und Politik

ISBN 978-3-939623-13-7

Antje Schrupp

Zukunft der Frauenbewegung

ISBN 978-3-922499-75-6

Ina Praetorius

Weit über Gleichberechtigung hinaus …

Das Wissen der Frauenbewegung fruchtbar machen

ISBN 978-3-939623-18-2

Dagmar v. Garnier (Hg.in)

Buch der 1000 Frauen

Das FRAUEN-GEDENK-LABYRINTH

Teil 1: ISBN 978-3-922499-45-9
Teil 2: ISBN 978-3-922499-54-1

Erika Wisselinck und Helma Mirus (Hg.innen)

Mit Mut und Phantasie

Frauen suchen ihre verlorene Geschichte

ISBN 978-3-922499-37-6

Birgitta M. Schulte

Der weibliche Faden

Geschichte weitergereicht

M. Gimbutas – J. Marler
F. Goodman – G. Fischer
G. Johannismann
M. König – G. Meixner

ISBN 978-3-922499-23-7

Irene Fleiss

Als alle Frauen Schwestern waren

Bd. 1: Leben in matriarchalen Gesellschaften
Bd. 2: Weiblichkeit in matriarchalen Gesellschaften – gestern und heute

ISBN 978-3-922499-84-8
ISBN 978-3-922499-88-6

Weitere Titel aus dem Christel Göttert Verlag

»Wir dachten alles neu« *Die Feministin Erika Wisselinck und ihre Zeit* von Gabriele Meixner, ISBN 978-3-939623-22-9

»Diese Biografie wird die Leserin so schnell nicht aus der Hand legen. Die Autorin Gabriele Meixner, selbst eine … Protagonistin der Neuen Frauenbewegung, führt uns mitreißend durch das überaus vielseitige Leben von Erika Wisselinck und erklärt mit Leichtigkeit die zeithistorischen Hintergründe … Wahrlich ein ›feministisches Urgestein‹.« (Virginia)

»Unzähligen wird Wisselinck jedoch bekannt sein … als kongeniale Übersetzerin von Mary Daly …« (FAMA)

Mutterland nach dem Holocaust. *Eine Tochter fordert die Erinnerung zurück* von Fern Schumer Chapman, ISBN 978-3-922499-58-9

»Der Blick einer Nachgeborenen auf die Geschichte der Mutter und die Folgen für ihr eigenes Leben.« (Schritte ins Offene)

»… ein poetisches, tief berührendes Buch über das Lernen aus der Vergangenheit, aber auch über das Verzeihen und Loslassen … Mit ihrem sensiblen und einfühlsamen Stil prangert sie das Unrecht an, das das Leben zweier Generationen geprägt hat. Dennoch gelingt es ihr, nicht einfach mit dem Finger auf die zu zeigen, die während der schlimmsten Verfolgung nicht den Mut hatten, ihren Mitmenschen zu helfen …« (FreiburgerFrauenStudien)

Klara Hitler. *Muttersein im Patriarchat* von Christa Mulack ISBN 978-3-922499-80-0

»Ein heißes Thema. Brennend heiß deshalb, weil es mehrfach mit einem Tabu behaftet ist: mit dem Tabu, die fortwährende Gewalttätigkeit in patriarchalen Gesellschaften nicht lediglich zu beklagen und zu entschuldigen, sondern Ross und Reiter zu nennen.« (Virginia)

»Mütterlichkeit soll wieder an Wert gewinnen, ihr soll Anerkennung auf allen Ebenen zuteil werden … Bücher wie diese sind Hilfen auf dem Weg dorthin. Deshalb sind sie so unendlich wertvoll!« (ab 40)

zwischen den welten. *Orte der »Hexen«-Verfolgung als Bildhauerin neu sehen* von Eva-Gesine Wegner, ISBN 978-3-922499-63-5

»Ihre Auseinandersetzung mit der Geschichte der Hexenverfolgung … entstand aus dem Impuls heraus, den Teil Geschichte der Frauenbewegung sichtbar werden zu lassen, der sich seit den 80er-Jahren für das Gedenken und die Ehrung der zigtausend durch den Hexenwahn ermordeten Menschen engagiert.« (Hagia Chora)

»Anschaulich zeigt sie ihre allmähliche Verwandlung von tiefer Erschütterung hin zu kreativer Kraft … « (Gelnhäuser Neue Zeitung)

Bei den Steinen angekommen. *Im Dialog mit Camille Claudel*
von Eva-Gesine Wegner, ISBN 978-3-922499-32-5

»Die Fragen, die zu Camille Claudels Leben und Werk aufgeworfen werden, können stellvertretend für viele Frauenschicksale gelten, damals wie heute. Die qualvolle Selbstbehauptung als Frau und Künstlerin … wird von Eva-Gesine Wegner feinfühlig aufgegriffen und weitergeführt. Eine Anregung für andere.« (Schlangenbrut)

»… im Laufe der … Auseinandersetzung mit der französischen Bildhauerin ist dieser Zyklus von 17 Werken entstanden und ein Buch, in dem sie von den Gedanken, Gefühlen und Hintergründen erzählt, die sie beim Schaffen dieser Werke leiteten.« (Frankfurter Rundschau)

Die Psychoanalytikerin Sabina Spielrein von Renate Höfer
ISBN 978-3-922499-41-4

»Sabina Spielrein … hat ein Leben hinter sich, das an Dramatik und Dynamik aufhorchen lässt und ergriffen macht.« (Rotenburger Kreiszeitung)

»… erst durch Höfers Buch wird deutlich, welch beeindruckende Persönlichkeit und eigenständige Denkerin sie war und wie groß ihr Einfluss auf die Psychoanalyse zu veranschlagen ist.« (Psychologie Heute)

Von Christiane Goethe bis Audrey Hepburn – *21 Porträts von Brigitte Warkus*, hg. von Sibylle Duda und Luise F. Pusch, ISBN 978-3-922499-29-9

»Lesenswert sind alle Texte. Brigitte Warkus hat … mit sicherem Gespür das Wesentliche der Persönlichkeiten dargestellt.« (Evangelische Zeitung)

»Diese … Sammlung macht der Autorin wie den Portraitierten Ehre.« (wolfsmutter.com)

Mein Kabul – mein Deutschland. *Máris mutiger Weg zwischen den Kulturen* von Mári Saeed, ISBN 978-3-939623-02-1

»Mári Saeed ist es gelungen, die komplexen Zusammenhänge zwischen der politischen Entwicklung in Afghanistan und der Unterdrückung von Frauen darzustellen …« (ab 40)

»Mári Saeed engagiert sich tapfer auch in ihrer neuen Heimat … bietet muslimischen Frauen Beratung im Umgang mit häuslichen, religiösen und kulturellen Problemen an.« (Bayerischer Rundfunk)